KB274739

LEARNING
POWER
학습파워

지식생태학자 유영만 지음

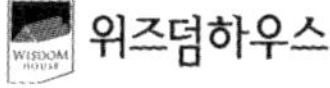

위즈덤하우스

아는 것은 좋아하는 것만 못하고,
좋아하는 것은 즐기는 것만 못하다

– 《논어》, 옹야 편

학습하는 당신이 미래의 리더다

요람에서 무덤까지 배워야 한다는 말이 그 어느 때보다 실감나는 시대다. 더욱이 오늘날에는 지식기반 사회, 창조화 사회, 디지털 시대 등의 바람으로 과거와는 비교하기 어려울 만큼 정보와 지식이 폭증하면서 전문가가 되기 위해 알아야 할 전문성의 범위와 수준도 확대·심화되고 있다. 이제는 공식적인 학교교육만으로 일상생활은 물론 업무 분야에서도 전문가로 성장하기 어려워지고 있다. 그렇다면 요즘의 직장인들은 자기계발을 위해 어떻게 노력하고 있을까? 여기 평범한 직장인 김 대리의 하루를 통해 자기 분야의 전문성을 개발하기 위해 어떻게 학습활동을 실천하고 있는지를 살펴보자.

김 대리는 아침에 일어나 지하철을 타고 회사로 출근하는 동안 그날의 중요 업무를 PDA로 점검한다. 김 대리는 남보다 30분 정도 먼저 와서 평소 관심이 있는 디지털 마케팅, Web 2.0과 경영혁신 등에 관한 서적을 탐독(learning by reading)하고, 중요한 내용은 PC의 '나만의 지식관리' 폴더에 차곡차곡 저장한다. 김 대리의 한 가지 꿈은 자신이 현장에서 실전 체험을 통해 깨달은 바를 정리해서 한 권의 책으로 출간하는 것이다. 책은 현장에서 보고 느낀 점을 자신의 관점으로 정리(learning by writing)하여 창출한 결과물이어서 더욱 가치 있는 작업이라고 생각한다. 김 대리는 디지털 마케팅 관련 인터넷 웹사이트를 항해(learning by navigating)하면서 인식의 깊이와 관심의 지평을 넓혀줄 수 있는 사이트를 체계적으로 북마킹을 해오고 있다. 또 PC통신의 관심 분야 동호회에도 적극 참여하여 다른 사람과 의견을 교환(learning by collaborating)하면서 새로운 아이디어를 얻기도 한다.

김 대리는 주기적으로 오프라인에서 커뮤니티 구성원들 간의 만남을 주선하여 온라인에서 할 수 없는 디지털 마케팅 관련 경험과 자신만의 노하우를 공유(learning by sharing)하기도 한다. 오 프라인 모임에서는 정기적으로 관련 분야의 전문가를 초빙하여 그들의 지식을 공유하기도 한다. 아무리 최첨단의 디지털 시대라지만 개개인이 보유하고 있는 암묵적 노하우는 그 노하우를 보유하고 있는 사람과 오랜 기간 함께 생활하면서 수많은 시행 착오(learning by failure)와 반복적인 연습을 통해 체득(learning by doing)되기 때문이다.

본격적인 오전 업무가 시작되면 오늘의 중요한 업무부터 결정한 다음 '나만의 지식관리' 폴더에 들어가 관련 자료를 찾아가면서 전체적인 콘셉트를 결정하고, 부족한 부분은 사내 지식관리 시스템에서 필요한 자료를 찾기도 한다. 사내 지식관리 시스템에서도 발견할 수 없으면 평소 자신이 관리해온 네트워크를 동원하여 도움을 요청한다. 전 분야에 걸쳐서 모든 지식을 습득하기 어렵기에 분야별 전문가 네트워크를 구축하여 필요시 그들의 전문성을 차용하는 전략은 필수적이다. 소위 네트워킹을 통한 학습(learning by networking)은 아날로그 시대의 인적 네트워킹과 함께 디지털 시대의 정보 네트워킹이 동반되어 더욱 힘을 발휘한다.

오전 중에 처리한 잠정적인 업무 추진 결과에 대해 담당 과장과 만나서 몇 가지 조언을 구하기도 하고 직접 코칭(learning by coaching)을 받기도 한다. 업무를 마감하는 시점이 가까워지면서 다시 한 번 비슷한 과제로 추진했던 경쟁사의 사례(best practices)를 벤치마킹(learning by benchmarking)하여 보다 현실적이고 적합성 있는 업무 추진안을 작성한다. 업무를 마칠 즈음 김 대리는 그날 있었던 일을 성찰하고 간략히 정리(learning by reflecting)하면서 내일 중점적으로 추진할 과제에 대한 대략적인 아이디어를 구상한다.

이제까지 김 대리의 일상 업무와 학습활동이 어떻게 유기적으로 맞물려 돌아가고 있는지를 살펴보았다. 여기서 특히 주목할 점은 김 대리의 학습활동이 더 이상 업무활동과 별개의 독립적인 활동이 아니라는 점이다. 학습은 인간 유기체의 존재방식이자 일상생활의 일부이며, 업무 추진 과정의 핵심적인 부분을 차지한다. 모든 생명체가 호흡을 멈추면 죽음을 맞는 것처럼 학습은 인간 학습자의 지적 호흡이며, 따라서 지적 호흡을 멈추면 더 이상 생존이 불가능해진다.

학습(learning)은 삶(living)과 일(working)이 맞물려 돌아가는 중요한 활동이다. 앞으로는 아날로그 학습방식과 디지털 학습방식을 통합하면서 자신만의 노하우로 축적, 개발하는 활동을 전개해야 한다. 디지털 학습방식을 통해 학습의 효율성을 제고시키고, 아날로그 학습방식을 통해 학습의 효과를 높이는 양수겸장(兩手兼將) 전략을 쓰는 것이다. 이제 학습은 모든 사람이 필요에 따라 시간이 남으면 할 수 있는 '선택사항'이 아니라 누구나 반드시 해야 하는 '필수조건'이다.

이 책은 학습은 더 이상 삶과 일에서 분리된 독립적인 별개의 활동이 아니라, 삶과 일 속에서 이루어지는 통합된 활동임을 강조한다. 따라서 학습은 창백한 '책상' 위에서 일어나기보다는 역동적인 '일상'에서 일어난다는 사실, 그 일상에서 일어나는 학습일수록 우리 삶을 변화시키는 '지식'이 창출될 수 있음을 강조한다. 그리고 '학습'하면 어려운 책을 떠올리고 하기 싫은 공부를 억지로 하면서 시험을 통해 자신의 공부결과를 평가받는 전통적인 의미의 학습을 지양한다.

배우고 익히는 과정은 인간이 살아 숨 쉬는 동안 결코 멈출 수 없는 부단한 자기 변신의 과정이다. 이 책이 학습을 통해 깨달음의 즐거움을 맛보고, 여기서 얻은 안목과 식견으로 자신이 꿈꾸는 세상을 만들고자 하는 많은 분들에게 유익한 삶의 지침서가 되어주길 진심으로 바란다.

2008년 새봄이 오는 행당동산에서

지식생태학자 유영만

Chapter 1

더 **강한** 나를 **만드는** 학습의 힘

Learning **Power 1** ▼

미래의 모습을 반복해서 그려라

● ● ● ● **큰 바위 얼굴과 소년**

꼬마 어니스트는 멀리 마을을 굽어보고 있는 큰 바위 얼굴을 가리키며 물었다.

"어머니, 큰 바위 얼굴은 누굴 닮았나요?"

"아직은 아무도 모른단다. 큰 바위 얼굴을 닮은 아이가 태어나 훌륭한 인물이 된다고들 하던데, 혹시 우리 아들이 아닌지 몰라?"

엄마가 웃으며 말했다.

어니스트는 부리부리한 눈매에 우뚝 솟은 콧날과 굳게 다문 입술의 큰 바위 얼굴을 닮은 훌륭한 인물이 어서 나타나기를 바랐다. 그래서 그가 커다란 용기와 너른 마음으로 이 마을사람들을 이끌어주기를 빌었다. 어니스트는 두 주먹을 불끈 쥐고 큰 바위 얼굴을 향해 굳게 다짐했다.

'나도 부끄럽지 않게 착하고 열심히 살아야지!'

어니스트는 자신과의 약속을 잊지 않고 항상 진실하고 겸손하게 살기 위해 노력했다. 훗날 그는 목사가 되어 이 마을 저 마을에서 설교를 하게 되었다. 그래서 돈이 많은 부자, 전쟁에만 나가면 승리하는 장군, 말을 잘하는 정치인, 아름다운 글을 쓰는 시인 등 성공한 사람들을 많이 만날 수 있었다. 모두들 존경받는 인물이었지만, 큰 바위 얼굴을 닮은 사람은 없었다. 다들 잘나 보였지만 큰 바위 얼굴에 비하면 어딘지 모자라 보였다.

그러던 어느 날이었다. 설교를 듣던 한 시인이 돌연 주위 사람들에게 신기한 듯 말했다.

"참 신기하네. 우리 목사님 얼굴이 꼭 큰 바위 얼굴처럼 생기지 않았소?"

어니스트는 시인의 말에 얼굴이 화끈거렸다.

'세상에, 내가 큰 바위 얼굴을 닮았다니!'

어니스트는 그럴 리가 없다고 확신하며 설교를 서둘러 끝냈다.

집으로 돌아오는 길에 어니스트는 산중턱의 큰 바위 얼굴과 오늘도 인사를 나누며 하루 동안 있었던 이런저런 일들을 이야기했다.

"글쎄, 저를 보고 당신을 닮았다고 하지 뭡니까. 창피해서 혼났습니다."

어니스트는 언젠가 큰 바위 얼굴과 같은 훌륭한 인품의 사람이 나타나기를 바라며 집으로 향했다.

멀어져가는 그를 내려다보는 큰 바위 얼굴에 석양이 걸려 있었다. 큰 바위 얼굴이 마치 환하게 웃음을 짓는 것 같았다.

우리는 자신의 미래에 무엇이 되고 싶은지를 분명하게 정립하지 않은 경우가 많다. 영화 〈쇼생크 탈출〉에서 주인공은 감옥을 탈출하기 위해 20년 동안이나 매일같이 작은 도끼로 굴을 파서 마침내는 탈출에 성공했다. 그리고 지금은 만화 〈딜버트〉로 세계적인 만화가가 된 스콧 애덤스 역시 하루도 빠짐없이 일기장에 '세계적인 만화가가 되겠다' 며 자신의 꿈을 적어놓았다고 한다. 이 이야기들은 자신의 꿈을 매일 반복해서 간절히 원하면 언젠가는 실제로 이루어진다는 소중한 진실을 보여준다.

그렇다면 우리는 지금 자신의 꿈을 온몸으로 간절히 바라며 그 꿈을 이룬 모습을 형상화하고 있는가? 미래에 꿈이 이루어진 자신의 모습을 갈망하면서 온 정성과 노력을 기울여보자. 그러면 언젠가는 빛나는 그 꿈의 주인공이 되어 있는 자신을 발견하게 될지 모른다.

학습하는 과정 역시 꿈을 향한 여정이다. 학습을 실천하면서 꿈을 이뤄낸 미래의 내 모습을 그려보는 습관을 가져보자. 그것은 실제로 학습에 몰입하는 강도를 한층 더 강하게 해준다. '미래의 나'를 떠올리면서 스스로 그토록 갈망하는 것은 무엇인가? 그것이 앎에 대한 깨달음이든, 원하는 일이나 직장을 얻는 것이든 모두 소중히 간직하자. 이들은 모두 꿈을 향한 바라봄의 여정에서 자신의 열정을 한층 더 높여주는 강력한 자극제가 될 것이다.

나는 오늘 무엇을 바라보고 있는가? 또 내일은 무엇을 바라볼 것인가? 바라봄은 바라보는 주체(나)가 바라보는 대상(미래의 모습)에게 보내는 열정이며 갈망이다. 그리고 이들 사이에 흐르는 열정과 갈망의 에너지가 크면 클수록 자신이 바라보는 모습에 한층 더 가깝게 다가갈 것이다.

한편 이 바라봄의 여정에서 반갑지 않은 불청객도 만날 수 있다. 바로 절망과 좌절, 포기를 불러오는 '저항'이다. 저항은 자신이 이루고자 하는 미래의 모습을 가로막는 방해꾼이다. 하지만 또 달리 생각하면 내 열정의 강도를 더해주는 기폭제로도 작용할 수 있다. 고진감래(苦盡甘來)라는 말처럼 온갖 저항을 극복하고 이뤄낸 성취가 더욱 특별하기 때문이다.

그렇다면 지금 여기에서 나는 무엇을 바라보고 있는가? 또 그 바라봄의 여정에 보내는 내 열정은 얼마나 강렬한가? 혹시 작은 저항에도 쉽게 무너지고 있지는 않은가? 이렇게 날마다 스스로에게 질문해보는 동안 내 꿈의 크기를 발견하게 되고, 그러면서 내 열정도 계속 키워가게 될 것이다.

갈망하면서 그려보기

학습을 시작하려면 우선 배우고 싶은 주제에 대한 갈망이 뜨거워야 한다. 그래야 학습여정에 매진하게 되고 몰입도 생긴다. 나는 지금 무엇을 배우고 싶으며, 왜 배우고 싶은가? 갈망하는 자신의 미래의 모습을 그려보고, 이처럼 성장하기 위해 지금 무엇을 준비해야 하는지를 구체적으로 정리해보자.

불편함이 강력한 경쟁력을 만든다

● ● ● ● **다시 살아난 정어리**

"거참, 오늘도 전부 죽어버렸네."

오늘도 포구에 도착해 정어리를 꺼내던 어부는 한숨을 푹푹 내쉬었다. 정어리들이 모두 흰 배를 드러내고 물에 둥둥 뜬 채 죽어 있었던 것이다.

"싱싱하게 산 채로 팔기만 한다면 곱절은 더 받을 수 있을 텐데……."

어부는 그동안 정어리를 살리기 위해 온갖 방법을 다 써보았다. 포구로 돌아올 때까지 물을 차갑게 유지시키기 위해 얼음을 왕창 넣어본 적도 있었고, 비싼 돈을 들여 수조에 산소 발생기를 설치하기도 했다. 하지만 모든 노력이 허사였다. 예민한 녀석들은 좁은 수조가 갑갑한 듯 빙빙 돌다가는 하나둘 죽어갈 뿐이었다.

그러던 어느 날이었다. 여느 때처럼 정어리 잡이를 끝내고 포구로 돌아와 수조 뚜껑을 열어본 어부는 깜짝 놀라고 말았다. 물 위로 둥둥 떠오른

정어리가 한 마리도 없었던 것이다. 정어리 떼가 깊고 넓은 바다 속이라도 된 듯 좁은 수조 안을 힘차게 뱅글뱅글 돌고 있는 게 아닌가.

"이, 이게 어떻게 된 일이지?"

어부는 납작 엎드려 고꾸라질 듯 머리를 처박고 수족 속을 살펴보았다. 그때 희한한 장면이 그의 눈에 들어왔다. 무리를 지어 한 방향으로 돌고 있는 정어리 떼 뒤로 정어리와 다른 물고기 한 마리가 보였다.

"아, 메기로구나!"

녀석은 아주 커다란 메기였다. 메기가 정어리 떼의 꽁무니를 쫓고 있었던 것이다. 한참을 쫓고 쫓기는 정어리 떼와 메기를 보고 있던 어부는 무릎을 탁 치고 말았다.

"그래, 바로 이거였어!"

이제야 어부는 정어리가 평소처럼 죽지 않고 살아 있는 까닭을 이해할 수 있었다. 바로 메기 한 마리 때문이었다. 정어리의 천적, 메기. 정어리들은 무서운 메기에게 잡아먹힐까 두려워 수조가 좁은 줄도 모르고 열심히 움직였던 것이다. 그리고 그 덕분에 좁고 답답한 수조 속에서도 죽지 않고 살아남을 수 있었다.

그날 이후 어부는 늘 싱싱하게 펄떡거리는 정어리를 많이 팔 수 있었다. 이제 그는 출항하기 전에 커다랗고 사나운 메기 한 마리를 수조 속에 넣는 걸 절대로 잊지 않았다.

편리함에 물들면 물들수록 힘들고 어려운 길을 선택할 이유가 없어진다. 그저 쉽고 빨리 목적지에 도달하는 속도와 효율만이 중요할 뿐, 목적지를 향한 여정에서 직접 보고 느끼고 깨닫는 체험의 아름다움은 무시한다. 이런 일방통행적 사고가 팽배해지면 급기야 사람들과 더불어 살아나가는 소중한 미덕까지도 잃어버릴 수 있다. 바로 여기에서 불편함의 의미를 새롭게 해석할 필요가 생긴다.

많은 경우 우리는 육체적이든 심리적이든 가능한 한 불편함을 외면하려고 한다. 그러나 불편함이란 생명체의 발전과정에서 반드시 거쳐야 할 필수 코스이다. 만약 이 지구상에서 불편함이 모두 사라진다면 어떻게 될까? 아마도 대부분의 생명체들은 편안한 온실 속 화초로 전락해버릴지도 모른다. 온실 속의 화초는 온실이라는 방어막이 없으면 금세 무너지는 나약한 존재이다. 그래서 불편함이 없는 '온실'은 오히려 화초에게는 위험할 수 있다. 왜냐하면 온실 밖이라는 외부상황은 언제든 수시로 변하기 때문이다.

그런데 요즘의 학습과정은 불편한 학습 환경을 최대한 멀리하려는 경향이 뚜렷이 나타나고 있다. 즉 학습자의 수고와 정성, 고뇌의 체험 없이 최소노력으로 최대효과를 올리는 다양한 학습

방법에만 몰두하고 있는 것이다. 그 결과 치열한 문제의식과 실전체험 없이도 얼마든지 학습이 가능하다고 현혹하는 교육프로그램들이 속속 등장하고 있다. 이런 상황에서 학습자는 자연스럽게 주어진 학습 환경에 익숙해짐으로써 다소의 불편함을 감수해야 하는 학습상황에는 적응하지 못하게 되었다.

그러나 배우고 익히는 과정이란 불편함에도 불구하고 스스로 무엇인가를 새롭게 찾고 깨닫는 것이다. 따라서 자신의 학습을 누군가가 대신해줄 수는 없다. 더욱이 배운 내용을 익히면서 내면화시키는 과정은 철저히 자신과의 싸움이다. 때로는 고독의 시간도 필요하며, 그 시간을 통해 자기만의 생각의 모닥불을 피워내야 한다. 생각을 연마하는 시간은 고통스러운 과정이다. 몸도 마음도 불편한 시간일 수밖에 없다. 그러나 그 불편한 시간이 얼마쯤 지나고 나면 오래 숙성된 지식이 탄생하는 희열도 맞이할 수 있는 것이다.

학습은 자기와의 끝없는 싸움이다. 그런데 학습과정에 편안함과 편리함이 개입된다면 그것은 이미 학습을 통해 살아 숨 쉬는 지식을 창조하겠다는 결연한 의지를 포기한 것이나 다름없다. 이제부터라도 자신의 머릿속에 살아 펄떡이는 메기 한 마리를 집어넣고 스스로를 불편하게 해보자. 그 메기에게 먹히면 나의 지식여정도 끝이라는 생각으로 치열하게 노력해보자. 바로 이러

한 불편한 체험 속에서 조금씩 성장해가는 자신을 만들어가는
것이다.

불편한 자극에 노출시키기

편안하고 편리함만을 반복하면 내 생각과 행동은 긴장감이 없어진다. 익숙함은 자극이 아닌 습관이 되어 비슷한 생각과 행동을 할 수 밖에 없기 때문이다. 불편하지만 이제까지 접해보지 않은 색다른 자극과 경험에 자신을 의도적으로 노출시켜보자. 이러한 색다른 자극은 분명 색다른 경험을 일으킬 것이다.

기회는 기다림이 아닌 도전에서 나온다

● ● ● **역풍에도 돌아가는 바람개비**

한 소년이 어느 날 친구에게서 바람개비를 선물로 받았다.

"바람개비는 바람이 불면 빙글빙글 잘도 돌아."

소년은 친구의 말을 기억하고는 바람이 쌩쌩 부는 날을 손꼽아 기다렸다. 그러나 바람은 고양이처럼 심술궂었다. 창문을 흔들던 바람을 쫓아 집 밖으로 뛰쳐나가면 어느새 바람은 얌전하게 귓가를 간질이고 있었다. 또 햇볕이 쨍쨍 내리쬐고 바람 한 점 없어 바람개비를 집에 두고 오면 갑자기 바람이 쌩쌩 불었고, 나뭇가지가 흔들려 바람개비를 들고 나오면 갑자기 먹장구름이 껴 천둥이 치고 비가 내려 바람개비를 돌릴 수가 없었다.

하루 이틀······ 바람개비를 돌릴 바람을 기다리며 지쳐가던 어느 날이었다. 소년의 눈에 빈 들판을 빠르게 내달리는 바람이 보였다. 이제껏 묵묵히 앉아서 바람을 기다리던 소년은 화가 나 소리쳤다.

"바람아 기다려. 내 바람개비를 돌리고 가란 말이야!"

소년은 한 손에 바람개비를 쥔 채 바람을 잡으려고 뛰기 시작했다. 그러자 놀라운 일이 일어났다. 얌전하던 바람개비가 휘리링 휘리링 아름다운 소리를 내며 힘차게 돌기 시작한 것이다.

그날 이후로 소년은 바람이 부는 날을 기다리지 않았다. 바람개비는 심술쟁이 바람이 돌리는 게 아니라, 자기 자신이 돌리는 것이란 사실을 깨달았기 때문이다.

"야호, 빨리 돌아라!"

소년은 오늘도 바람개비를 들고 열심히 들판을 내달린다. 심장이 펄떡펄떡 뛰고 다리가 떨릴 때까지 바람개비는 소년과 한 몸이 되어 달려간다.

● ● ●

행운의 기회는 가만히 앉아서 기다리는 사람에게는 찾아오지 않는다. 어쩌다 운이 좋으면 바람이 저절로 불어와 가만히 들고 있던 바람개비가 돌아갈 수는 있다. 하지만 언제까지나 바람이 불어오기를 마냥 기다릴 수는 없다.

바람개비는 철저히 자신의 의지와 노력에 의해서 돌아가야 한다. 우연히 불어온 바람에 의해 타율적으로 돌아가는 바람개비는 진정한 의미의 바람개비가 아니다. 내 손으로 직접 바람개비를 들고 바람이 불어오는 반대 방향에서 달려 나갈 때, 바람개비는 진정 그 가치가 빛날 수 있다. "빨리 뛰면 뛸수록 바람개비는 빨리 돌아갑니다. 그리고 나는 머리카락이 바람에 나부끼는 것을, 얼굴이 달아오르고 가슴이 뛰는 것을 느낍니다. 돌아가는 것은 손에 든 바람개비만이 아니라는 것을 알게 됩니다."[*] 이처럼 바람개비와 내가 혼연일체가 되어 뛰어갈 때, 나의 심장도 힘차게 뛰는 것이다.

바람개비는 바람을 정면으로 맞으며 날개로 바람을 안아야 비로소 돌아간다. 순풍에 돛을 달아야 앞으로 나아가는 돛단배와는 다르다. 바람개비는 불어오는 바람에 맞섰을 때 날개가 돌아가는 것이다. 이처럼 바람과 정면으로 맞서 싸울 때, 비로소 자신이 살아 있음을 느끼는 것이 바람개비의 숙명이다. "돌지 않는 바람개비는 이미 바람개비가 아닙니다. 정지는 바람개비의 죽음입니다. 항상 돌아가고 움직이고 꿈틀대야 합니다. 풍차가 물을 퍼 올리고 방아를 찧는 것은 그것이 돌아가고 있기 때문입니다. 모든 것의 동력은 돌아가는 바퀴에서 생겨납니다."[*]

스스로 아무 노력도 하지 않으면서 주변 탓만 하는 사람들이 많다. 하지만 바람개비를 돌리기 위해 마냥 바람을 기다리는 깃처럼 어리석은 일도 없다. 기회는 기다림이 아닌 도전하여 스스

---

[*] 《소나무》, 이어령 저, 종이나라, 2005

로 만들어가는 것이다. 그러니 이제부터라도 바람이 부는 날을 기다릴 것이 아니라, 바람이 불든 안 불든 바람개비를 들고 세상 밖으로 달려 나가자. 바람의 유무에 자신의 인생을 걸지 말고 당당히 자신의 바람을 만들 수 있는 적극적인 사람에게는 훗날 인생의 순풍이 반드시 찾아온다.

배우고 익히는 학습여정도 바람개비를 들고 거센 바람을 향해 달려 나가는 것이다. 남들이 지나간 장밋빛 탄탄대로를 달리는 편리함이나 안락함 속에서는 진정한 깨달음을 얻을 수 없다. 학습의 참맛은 선각자들이 앞서 구축해놓은 안전지대를 벗어나려는 도전의식에서 찾을 수 있기 때문이다. 고행을 기꺼이 정면으로 맞서서 이겨나갈 때, 비로소 찾을 수 있는 즐거움인 것이다.

불어오는 바람을 거슬러 정면으로 맞설 수 있는 삶, 고통스러운 여정 속에서 뚝뚝 땀방울을 흘리는 삶. 이처럼 거친 길을 이겨나갈 때 깨달음의 소중함도 얻게 될 것이다.

당연한 것들에 딴죽걸기

지금 나는 안락지대에서 기존의 관행을 답습하고 있는가? 아니면 누구나 당연하다고 생각하는 고정관념에 의문의 화살을 던지고 있는가? 자신의 고정관념을 정리해보고, 이것들에 딴죽을 걸어보며 새로운 생각의 터닝포인트를 만들어보자.

디딤돌이 있어야 멀리 뛸 수 있다

● ● ● ● **펌프질과 마중물**

뜨거운 뙤약볕이 내리쬐는 한여름 오후. 낯선 마을에 온몸이 땀에 흠뻑 젖은 청년이 도착했다. 마침 물통이 텅텅 빈 청년은 인적이 뜸한 마을을 기웃거리다가 이내 한 집을 향해 걸어갔다.

"여보세요, 실례지만 주인어른 계십니까?"

대문을 한참을 두드리자 문이 열리며 한 노인이 나타났다.

"누구요?"

낯선 방문객을 살피는 노인의 눈빛이 날카로웠다. 힐끗 대문 안을 들여다본 청년은 마당 한 곳에 지하수를 퍼 올리는 펌프가 눈에 띄자 얼굴빛이 밝아졌다.

'아, 저게 말로만 듣던 펌프라는 거로구나!'

지하 깊숙한 곳에서 솟아오르는 얼음장처럼 시원한 물을 생각만 해도 등이 시원해지는 것 같았다.

청년은 노인에게 최대한 공손하게 말했다.

"죄송하지만, 제가 너무 더워서 그러는데 마당에서 잠깐 씻어도 될까요?"

땀에 절어 후줄근한 청년을 묵묵히 쳐다보던 주인은 고개를 끄덕였다. 그러고는 휑하니 집으로 들어가 버렸다.

"그 노인네 정말 쌀쌀맞네."

청년은 투덜거리며 펌프로 다가갔다. 어쨌거나 시원한 물로 씻을 수 있게 된 것이다. 청년은 곧 콸콸 쏟아질 물을 생각하며 열심히 펌프질을 했다. 그러나 아무리 펌프질을 해도 물 한 방울 나오지 않았다. 철컥 철컥, 빈 펌프질 소리만 요란하게 날 뿐이었다.

"에이, 고장 난 펌프였잖아. 뭐 이런 몹쓸 늙은이가 다 있어?"

청년은 더위에 화까지 불끈 치밀어 오르자 그야말로 죽을 지경이었다. 그때 현관문이 열리며 집주인이 물이 가득 담긴 바가지를 들고 나왔다.

'흥, 펌프가 고장 났으니 목이나 축이고 가라는 소리였군.'

청년은 노인에게 바가지를 받을 요량으로 팔을 뻗었다. 하지만 노인은 청년을 지나쳐 바가지에 든 물을 펌프 속에 쏟아 부었다. 그리고 펌프질을 시작했다.

"끼익, 끼익."

낡은 펌프가 요란한 소리를 내더니 이윽고 물기 한 점 없던 주둥이에서 물이 졸졸 나오기 시작했다.

"아아!"

청년은 두 눈이 휘둥그레져 탄성을 터뜨렸다. 가느다랗던 물줄기가 어느새 콸콸 뿜어져 나오고 있었다.

"젊은 도시 사람이라 펌프 사용하는 법을 모르는군. 마중물로 지하수를 안 끌어내면 어떻게 펌프를 사용하겠는가? 그래 등목이라도 할 텐가?"

집주인의 말에 청년은 얼굴이 빨갛게 달아오르고 말았다. 그러나 그것도 금세. 청년은 뼛속까지 얼얼해지는 차가운 지하수로 더위를 말끔히 가실 수 있었다.

● ● ●

지금은 보기 힘들지만 예전에는 시골에 펌프가 있는 집이 대부분이었다. 펌프에서 시원한 물이 나오게 하려면 우선 펌프 입구에 물 한 바가지를 부으면서 동시에 펌프질을 빠르게 해야 한다. 그러면 어느 순간 땅속 깊은 곳에 있던 물이 펌프질의 진공 압력에 의해 "펑!" 하고 솟아오른다.

이때 펌프로 하여금 지하 심연으로 내려가 물을 끌고 올라오도록 펌프 입구에 부어주는 물이 바로 마중물(calling water)이다. 또 다른 물을 부르는 물, 어두운 땅속 깊이 내려가 잠들어 있는 지하수를 불러오는 물이 바로 마중물이다. 이처럼 마른 펌프에 마중물을 부어야 지하수를 지상 밖으로 끌어올 수 있다. 그래서 예전 사람들은 마중물을 펌프 주위에 항상 놓아두어 다음 사람이 펌프를 사용할 수 있도록 배려했다. 앞의 사람이 마중물마저 다 써버리면, 다음 사람은 아무리 펌프시설이 좋다 해도 물을 끌어올릴 수 없기 때문이다.

작은 시작에 불과하지만 모든 사람들에게 필요한 생명수를 퍼 올리는 원동력으로 작용하는 마중물. 이 마중물이 학습에 던져 주는 의미는 깊고도 넓다. 학습도 마중물과 같은 도움닫기가 반드시 필요하다. 시원한 물을 얻기 위해서는 마중물의 도움이 필요한 것처럼 멀리 뛰기 위해서는 학습의 도움닫기를 힘차게 굴러야 한다. 마중물처럼 강렬한 학습욕구는 학습자에게 깊이 잠들어 있는 지혜를 만날 수 있도록 도와준다. 이 작은 도움이 학습의 커다란 성과를 가져오는 촉발제가 되는 것이다.

낮은 곳에서 높은 곳으로 학습하기

등고자비(登高自卑)라는 말이 있다. 높은 곳에 오르려면 낮은 곳부터 올라야 한다는 뜻이다. 학습도 마찬가지다. 도전과제를 성공적으로 완수하기 위해 필요한 전문지식과 방법을 정리하고, 그것을 초-중-고의 3단계로 대별해본다. 현재 나는 어떤 수준인지, 그리고 어떤 전문성을 집중적으로 개발해야 되는지를 생각해보자.

직선은 곡선을 이길 수 없다

풀숲 개미집에 사는 수천만 마리의 개미들 중 자신이 가장 똑똑하다고 자부하는 개미 한 마리가 있었다. 아닌 게 아니라 그는 집을 나서면 언제나 가장 먼저 먹이를 물고 의기양양 집으로 돌아왔다.

"너는 정말 똑똑하구나! 어떻게 그리 쉽게 먹이를 찾을 수 있니?"

그가 먹이를 찾아와서도 한참 흐른 뒤에야 힘겹게 먹이를 짊어지고 돌아오는 친구들은 그를 무척 부러워했다. 여기저기 헤매다 간신히 먹이를 찾는 친구들로서는 먹이를 쉽게 찾는 방법이 정말 궁금했다. 그러나 그는 절대 자신의 방법을 가르쳐주지 않았다.

어느 날 그 개미는 풀숲에서 아주 커다란 물건을 발견했다. 그것은 쓰레기통이었다. 통 주위에는 먹이가 지천으로 널려 있었다. 개미는 뛸 듯이 기뻐 친구들을 부르려 했다. 그때 불쑥 욕심이 생겼다.

'아니지. 먹이를 왜 친구들과 나눠야 하지? 내가 힘겹게 찾은 것인데.'

그날 이후 그는 최고의 개미가 될 수 있었다. 이리저리 풀숲을 헤맬 필요도 없이 일직선으로 곧장 쓰레기통으로 기어가서 먹이를 찾으면 그만이었다.

그리고 며칠 뒤였다. 여유롭게 쓰레기통을 찾아온 개미는 깜짝 놀라고 말았다. 아무것도 없었던 것이다. 인간이라는 동물이 쓰레기통을 치워버린 것이다.

'그래, 지난번처럼 똑바로 걸어가다 보면 또 커다란 먹잇감이 보일거야.'

그는 다시 힘을 내서 풀숲을 일직선으로 기어가기 시작했다. 그러나 해질녘이 되어도 그는 먹이를 찾을 수가 없었다. 이미 친구들은 모두 먹이를 찾아서 집으로 돌아간 뒤였다. 하지만 그는 포기하지 않았다. 지난번처럼 똑바로 가다보면 언젠가는 상상할 수 없을 정도로 커다란 먹이를 찾을 수 있다는 꿈을 버리지 않았다.

일직선으로 가고 또 가고……. 점점 그는 집으로부터 멀어져만 갔다. 그날 이후로 개미를 본 친구들은 아무도 없었다.

● ● ●

개미는 이리저리 길을 헤매다가 먹이를 발견하는 순간, 방향을 바꿔 직선코스로 질주한다. 이렇게 직선코스를 발견하기 전까지 개미는 수많은 고민과 방황의 시간을 보내게 된다. 바로 이 곡선의 여정에서 겪은 고민과 방황의 시간이 있었기에 훗날 직선의 빠른 길로 바로 질주하는 것이다.

그런데 만일 처음부터 개미 주변에 먹이를 한가득 놓았다고 가정해보자. 그러면 개미는 곡선의 아름다운 방황을 청산하고 곧바로 직선 길을 향해 돌입했을 것이다. 그러면 곡선의 체험을 충분히 쌓지 못한 개미는 결국 어떤 상황에서도 살아남을 수 있는 자기 생존력을 조금씩 잃어가게 된다. 이처럼 곡선에 담긴 고단한 체험의 역사는, 짧고 빠른 직선의 즐거움을 가져다주는 원동력이 된다. 그렇기 때문에 곡선의 체험 없이 찾아오는 직선의 효율이 높으면 높을수록 안락함과 편리함만을 추구하게 되어, 결국에는 자기 정체의 길로 치닫게 되는 것이다.

그런데 안타깝게도 우리 주변의 많은 것들이 곡선에서 직선의 모습으로 바뀌어가고 있다. 꾸불꾸불한 산등성이 길은 터널로 대체되어 고속 주행하는 직선도로로 바뀌고, 들판의 정감어린 논들은 농지정리라는 명목으로 사각형의 모습으로 전환되고 있다. 이처럼 곡선의 여유와 느림의 삶이 점점 직선의 조급한 삶으로 바뀌면서 사람들은 앞만 향해 달려가는 고속의 비극을 연출하고 있는 것이다.

그러나 자연의 모습은 곡선일 때 비로소 아름다움이 드러난다. 처마 끝의 우아한 구부러짐과 기와지붕의 리드미컬한 곡선은 한옥의 아름다움을 잘 보여주는 전형적인 특징이다. 이런 한옥들이 점점 직선과 직선의 조합으로 이루어진 아파트로 바뀌면서 정감어린 나눔의 미덕도 함께 사라지고 있다. 우리 조상은 한 일(一)자를 쓸 때도 아라비아 숫자 일(1)을 쓸 때처럼 빠르게 옆으로 치닫지 않았다. 글자 한 자를 쓸 때에도 한 획 한 획 천천히 여유롭게 온 정성과 마음을 담아서 썼다.

이러한 옛 조상들의 곡선의 여유와 낭만이 오늘날에는 직선의 속도와 효율 위주의 삶으로 빠르게 바뀌어가고 있다. 그런데 직선의 삶은 오직 속도와 효율만을 중요시하는 '기계의 마음'[機心]에서 비롯되며, 이것은 인간의 마음이 들어설 자리를 용납하지 않는다. 주변 환경과의 관계를 배제하고 오직 최적의 논리만을 추구할 뿐이다. 하지만 우화에서 보듯 직선의 속도와 효율만을 추구하다보면, 곡선의 느림과 다양함이 가져다주는 소중한 가치를 잃어버리게 된다.

마찬가지로 효율 위주의 학습은 얕팍한 재주와 기교의 마술일 뿐이다. 학습은 철저히 직선이 아닌 곡선의 다양한 경험을 체득해야 한다. 즉 학습자의 생생한 지적 고민과 방황이 동반되어야 오래갈 수 있다. 그러지 않고 처음부터 학습의 최단 코스를 정해놓고 맹목적으로 달려가면 아무런 깨달음도, 깨달음의 기쁨도 없는 맹목적인 질주만 반복될 뿐이다. 이렇게 생각 없이 달려가는 학습여정은 학습자로 하여금 기계적인 효율복음을 맹목적으로 추구하게 만든다. 따라서 학습은 스스로 배움의 희열을 맛볼 수 있도록 곡선의 논리로 디자인되어야 한다. 학습자 스스로 자신의 눈과 귀로 느끼고 생각하며 학습의 길을 여유롭게 탐구해야 하는 것이다.

창조적 혼돈 일으키기

배가 고파본 적은 있어도 머리가 고파본 적은 없을 것이다. 머릿속의 균형이 조금씩 깨질 때 창조적 혼돈이 일어난다. 그리고 곧바로 혼돈을 질서로 바꾸려는 의도적인 정보습득의 여정이 뒤따른다. 머릿속이 항상 편안하고 언제나 균형이 맞춰져 있으면 열정적인 학습은 시작되지 않는 것이다. 그렇다면 나는 지금 얼마나 내 머리를 고프게 하고 있는가?

자기 주도적으로 배우고 익혀라

예쁜 처녀로 자란 암컷 여우 한 마리가 있었다. 여우는 넓은 들판을 자유롭게 돌아다니며 홀로 살고 있었다. 자신을 따뜻한 품으로 감싸 온갖 적들로부터 보호해주던 엄마 여우와 헤어진 지도 이미 오래였다. 그러던 어느 날 여우는 외로움이라는 낯선 존재가 가슴 속에서 무럭무럭 자라고 있는 것을 느꼈다. 특히 밤하늘에 반짝반짝 빛나는 별무리를 볼 때마다 따뜻한 품이 그리웠다.

"마음에 쏙 드는 상대를 꼭 만나고 말 거야!"

여우는 짝을 찾기로 결정했다. 동물의 왕국에서 종족을 보존하고자 하는 본능은 거부할 수 없는 숙명이었다.

여우는 다음 날부터 빈 들판을 떠도는 낯선 수컷들을 유심히 쳐다보기 시작했다. 이상하게도 여우의 절절한 그리움이 달콤한 향기가 되어 풍기는지 이제껏 무관심하던 수컷들도 그녀를 향해 어슬렁거리며 다가왔다. 그러고는 창피하게 그녀의 엉덩이 근처를 뾰족한 코로 킁킁거리며 살피는 것이었다. 이상하게도 낯선 수컷이 주위를 빙빙 돌 때마다 그녀의 마음도 콩닥콩닥 뛰었다. 그러나 그녀의 마음에 쏙 드는 수컷은 없었다. 아무리 폼을 잡아봤자 무리에서 쫓겨난 늙은 수컷이거나, 너무 어려 천방지축으로 날뛰는 수컷들이 대부분이었다.

암컷 여우는 바위처럼 단단한 앞발과 튼튼한 종아리와 날카로운 이빨을 가진, 그리고 먹이를 잘 잡는 영리한 수컷 여우를 만나고 싶었다. 그리고 그런 수컷을 만나기 위해서는 엄마처럼 아주 먼 곳까지 여행을 해야 한다고 생각했다.

그녀는 결정을 하자마자 집을 떠나 여행을 시작했다. 위험이 도사린 낯선 땅을 헤매는 것은 두렵고 힘든 일이었지만, 원하는 짝을 찾기 위해서는 어쩔 수 없는 일이었다. 그녀는 이곳저곳을 헤매며 수많은 낯선 수컷들을 만났다.

"나와 예쁜 새끼들을 낳아 오순도순 살지 않겠소?"

늙어 제대로 도망치지도 못하는 들쥐 하나를 물어와 청혼하는 노총각 수컷도 있었다.

"험험, 이 시대 최고의 사냥꾼인 나와 함께 살면 배곯는 일은 없을 거요."

앞가슴을 한껏 내밀며 늠름한 모습으로 그녀의 마음을 사로잡으려는 수컷도 있었다. 하지만 며칠 만나 보니 수컷이 가지고 오는 먹이는 이미 상한 것들뿐이었다.

많은 수컷 여우들을 만나면서 그녀의 맘에 드는 수컷도 더러 있었다. 총명한 눈빛이 밤하늘에서 가장 빛나는 북극성처럼 반짝반짝 빛나고 덩치까지 큰 수컷들. 하지만 그런 수컷들은 그녀가 꼬리를 살랑살랑 흔들어 구애를 해도 좀처럼 반응이 없었다. 몇 번의 퇴짜를 맞은 그녀는 자존심이 상했지만 한 가지 중요한 교훈을 깨달을 수 있었다. 멋진 신랑감을 구하기 위해서는 자신부터 멋진 신부가 되어야 한다는 사실을!

그날부터 여우는 무조건 수컷을 찾아다니지 않았다. 대신 많은 경험을 쌓기 시작했다. 사냥을 쉽게 하는 방법부터 위험으로부터 손쉽게 벗어나는 방법, 낯선 땅에서 제대로 길을 찾고 물을 찾는 방법 등 그녀는 낯선 땅에서의 낯선 경험들을 통해 하나하나 귀중한 지식을 쌓을 수가 있었다.

그리고 어느 날 운명처럼 여우는 최고로 멋진 수컷을 만날 수 있었다.

"우리…… 이제야 만났군요."

수컷 또한 본능으로 알고 있었다. 그녀의 눈에 담긴 지혜와 건강한 새끼들을 낳을 수 있을 만큼 튼튼하다는 것을. 그날 이후 서로에게 끌린 두 여우는 함께 백년해로를 하게 되었다.

• • •

학습은 내면의 동기가 활발할 때 더욱 효과적이다. 이는 범인을 찾는 사람과 애인을 찾는 사람에 비유할 수 있다. 범인을 찾아 나서는 길은 찾고 싶어서 찾는 것이 아니라, 반드시 찾아야만 하기 때문에 찾는 의무적인 여정이다. 이에 반해 애인을 찾아 나서는 길은 애인에 대한 상상력을 품고서 미지의 세계로 떠나는 가슴 뛰는 여정이다. 따라서 학습이 곧 애인이라는 상상력을 발동시켜 미지의 세계를 모험하려는 마음자세가 바로 자기 주도적인 학습활동을 가능하게 한다.

한편 범인잡기는 이미 사건을 발생시킨 사람에 대한 인물조사와 함께 언제 어디서 사건이 발생했는지를 철저하게 조사하고 분석하면서 용의자를 검거하는 방식이다. 이러한 범인잡기 방식을 따르는 학습은 사실적인 정보에 근거하여 객관적인 검증절차를 거쳐서 이루어진다. 이에 반해 애인 찾기는 이상형인 애인의 이미지나 형상을 설정해놓고 이에 적합한 사람을 의도적으로 찾아 나서면서 시작된다. 따라서 애인찾기형 학습은 객관적인 조사나 분석적인 활동보다는 주관적 느낌이나 직관적 판단을 통해서 학습활동이 전개된다. 한마디로 논리적 사고(logical thinking)보다는 감성적 느낌(emotional feeling)이 동반되는 학습활동이다.

이러한 범인잡기와 애인찾기는 각각 밀어붙이기식 학습(push)과 잡아당기기식 학습(pull)이라는 서로 다른 특성이 있다.

밀어붙이기식 학습은 본인의 의지와 상관없이 강제성 또는 반강제성을 띠는 학습이다. 그래서 밀어붙임을 당하는 학습자는 학습을 통해서 무엇인가를 달성하려는 강한 내적 욕구나 기대사항을 만족시키기보다는 탈출구를 찾는 것에만 급급하다.

현재 전개되고 있는 학습활동의 과정은 물론이고, 그 결과가 자신에게 유용하게 활용될 거라는 기대감이 별로 없다. 따라서 밀어붙이기 학습은 외적 동기부여에 의해서 학습이 일정기간 지속될 수는 있지만 특정 시점이 지나면 이전보다 더 강도 높은 외적 동기부여가 필요하다.

이에 반해 잡아당기기식 학습은 잡아당기는 주체의 관심과 노력, 그리고 의도에 따라서 천차만별의 학습효과가 나타날 수 있다. 그리고 잡아당길 대상이나 실체의 본질이 무엇이냐에 따라 잡아당기는 강도도 얼마든지 달라질 수 있다. 예를 들어 자신이 지향하는 모습의 애인이 실제로 나타났거나 어딘가에 존재한다는 확신이 들면 그 애인을 자신의 파트너로 만들기 위해 보다 적극적으로 잡아당기기 시작한다. 즉 학습객체에 대한 학습주체의 의미부여가 유의미하며 매력적이라고 판단되면 그 학습활동은 물론 학습결과도 한층 높아지는 것이다.

그렇다면 우리가 추구해야 할 학습은 바로 애인찾기형 학습이다. 정말 만나고 싶은 애인을 생각하면 가슴이 뛰고 자신도 모르게 기다려지는 것처럼, 학습을 통해서 달성하고 싶은 미지의 모습을 간절히 원하면 누가 시키지 않아도 열정적으로 몰입하게 된다. 즉 학습주체가 학습활동에 얼마나 의미를 부여하고 노력을 실천하느냐에 따라 학습결과는 확연히 달라진다. 이처럼 배움에 대한 갈망이 전제되지 않은 학습여정은 시작에 비해 그 끝이 미약할 수밖에 없다. 만나고 싶은 애인을 꿈꾸듯 배우고 싶은 진정한 학습애인을 설정하고 매일같이 그리워하면서 추구하다 보면 언젠가 그 학습애인이 현실로 다가올 것이다.

Power Tip

나의 '학습애인' 찾아보기

나는 지금 밀려오는 정보들에 허우적거리고 있는가? 또 남이 정한 목표에 쫓겨서 진정으로 내가 원하는 것들에서는 점점 멀어지고 있지는 않은가? 앞으로 배우고 싶은 나만의 '학습애인'을 설정하고, 왜 그것을 배우고 싶은지 생각해보자.

배우고 익힌 시간만큼 성장한다

● ● ● ● **뒤늦게 싹 틔운 대나무**

어느 중국 마을의 작은 숲속에 대나무 씨앗이 바람을 타고 내려앉았다.

"너는 누구지?"

숲속을 차지하고 있던 커다란 소나무, 참나무, 떡갈나무들이 낯선 씨앗을 경계하며 물었다. 사람들의 발길이 닿지 않던 아주 오래전, 숲의 크기는 헤아릴 수 없이 컸다. 숲은 커다란 호수와 강을 품에 끌어안고 있을 정도였다. 그러나 사람들이 하나둘 숲에 찾아들어 집을 짓고, 마을을 이루면서 숲은 점점 작아져만 갔다. 결국 사람들에게서 쫓긴 나무들은 비좁은 땅에서 빽빽하게 살 수밖에 없었고, 그 탓에 낯선 씨앗을 탐탁찮게 여겼다.

"저는 대나무랍니다. 커봤자 몸집이 아주 작아 폐를 끼칠 일은 없으니 이 숲에서 살게 허락해주세요."

작은 씨앗의 부탁에도 나무들의 냉랭한 시선은 변하지 않았다. 급기야 나뭇가지를 드리워 햇볕을 가로막아 씨앗이 싹을 틔우는 것을 방해했다. 씨앗은 결국 땅속으로 숨어들어 잠을 자는 척했다. 그렇게 하루하루 시간이 흘러 1년, 2년이 가고 무려 5년이라는 길고 긴 시간이 흘렀다. 씨앗이 내려앉은 자리에 나뭇가지를 드리웠던 나무들은 어느새 씨앗의 존재를 까맣게 잊어버렸다.

그러나 씨앗은 결코 잠을 자고 있는 것이 아니었다. 씨앗은 땅 위로 올라갈 날만을 기다리며 땅속에서 싹을 틔우며 아주 조금씩, 누구도 눈치 채지 못하게 뿌리를 뻗고 있었다. 씨앗의 성장이 너무나 더디고 지루한 탓에 숲의 나무들은 씨앗의 고군분투를 까맣게 모를 뿐이었다.

봄비가 촉촉하게 내린 날이었다. 아무도 관심을 갖지 않는 땅 위로 뾰족한 죽순 하나가 머리를 쏙 내밀었다.

"어, 저게 뭐지?"

땅 위로 솟은 작은 죽순을 보고 깜짝 놀란 나무들은 서둘러 나뭇가지를 죽순 위로 드리웠다. 그러나 죽순은 하루에도 한 뼘씩, 두 뼘씩 쑥쑥 자라기 시작했다. 햇볕을 막고 뿌리로 공격을 해도 죽순의 성장을 막을 수는 없었다.

"무슨 나무가 저렇게 빨리 자라는 거야?"

나무들은 갖은 노력에도 하루가 다르게 커가는 대나무에 혀를 내둘렀다. 대나무는 5년 동안 깜깜한 땅속에서 힘을 키우고 있었던 것이다. 언젠가는 반드시 땅 위로 나아가 하늘을 향해 쑥쑥 자랄 날만을 기다리면서…….

마침내 대나무는 일 년 동안 무려 12미터가 자라 덩치 큰 나무들과 어깨를 나란히 할 수 있었다.

● ● ●

　고속성장은 불안하고 오래가지 못한다. 뿌리의 탄탄함 없이 쉽고 빠르게 이뤄낸 결과이기 때문이다. 대나무가 일 년에 무려 12미터나 자랄 수 있는 원동력은 겉으로 드러나지는 않지만 오랜 시간 착실히 준비를 해왔기에 가능한 것이다. 키 크는 시간은 눈에 보이지 않는다. 눈에 보이지 않는 성장의 원동력은 서두르지 않고 매순간 최선을 다한 노력에 있다. 대나무의 죽순이 세상의 빛을 보기 위해 5년간 어둠 속에서 착실히 준비를 해왔듯이 찬란한 기회가 오기 전까지는 묵묵하게 자신의 길을 닦아놓아야 한다. 모든 것은 배우고 익힌 시간만큼 성장하기 때문이다.

　지금까지 나름대로 열심히 노력을 했는데도 뭔가 가시적인 결과가 나오지 않아 답답해하는 사람들이 많다. 그런데 이들을 더욱 좌절시키는 것은 노력의 여정에서 나온 중간 결과물만 보고 성급하게 비판하는 세상의 목소리들이다. 하지만 세상 사람들이 자신의 꿈을 향한 노력을 알아주지 않는다고 쉽게 좌절과 포기라는 말을 떠올리지 말자. 그럴수록 자신의 꿈을 더 성실하게 다져나가야 뒤늦게 싹을 틔운 대나무와 같은 기쁨을 만끽할 수 있다.

모든 식물의 씨앗은 새싹을 틔우기 위해 어두운 땅속에서 오랫동안 혼자 고독한 시간을 보낸다. 땅속의 어둠이야말로 생명체들이 더 밝은 세상으로 나가기 전에 반드시 거쳐야 할 필수과정이다. 우리 역시 지금 겪고 있는 고통과 번민의 시간을 모두 옹골찬 새 삶의 싹을 틔우기 위한 필수 영양제라고 생각하고 보다 강한 나를 만드는 시간으로 가꿔보자. 오랜 준비 없이 시작하는 일은 결실을 맺기도 전에 흔들리기 쉽다. 튼튼한 뿌리를 땅속 깊이 내리지 않으면 그만큼 실패의 확률이 높기 때문이다.

잡초는 몸 전체의 약 80퍼센트인 뿌리를 땅속에 박고 나머지 20퍼센트의 줄기와 잎만을 밖으로 드러낸다. 상대적으로 땅속에 깊이 박힌 뿌리 덕분에 잡초는 외부에서 아무리 밟거나 뜯어내도 웬만해서는 쉽게 죽지 않는다. 오히려 그 순간에도 땅속의 뿌리로부터 새로운 싹을 틔우고 줄기를 뻗어 자신의 종족을 퍼뜨리는 치열한 생존경쟁을 하고 있다. 이처럼 눈에 보이는 변화는 성장의 밑거름인 뿌리의 견실함이 뒷받침될 때에 가능하게 된다.

학습도 마찬가지다. 비록 지금 당장 두드러진 학습 성과가 없더라도 쉽게 낙담하거나 포기하지 말자. 현재의 고통의 시간을 굳건히 견디면서 성실히 자신의 학습여정을 밟아나가야 한다. 그래야 자기만의 독창적인 배움의 세계를 만들어갈 수 있다. 그리고 이렇게 얻은 배움의 결과물은 남의 정보를 단순히 짜깁기 해서 생긴 '얼룩'이 아니라, 실천적 삶 속에서 얻은 상처를 치열한 문제의식으로 풀어낸 아름다운 '무늬'이다. 그래서 더욱 소중한 것이다. 이처럼 꾸준히 자신의 학습을 실천하다보면 어느 순간 꽃망울이 터질 듯 그동안 축적되어 온 학습 에너지가 찬란한 빛을 터뜨리면서 아름다운 열매로 다가올 것이다.

나만의 뿌리 찾기

뿌리는 개인과 조직의 핵심 역량에 해당한다. 쉽게 모방할 수 없는 경쟁력, 핵심적인 노하우와 방법을 말한다. 다른 사람이 쉽게 따라잡을 수 없는 자신만의 독창적인 역량을 발굴하고 여기에 최선을 다해 노력해보자.

전진을 위한 휴식을 취하라

● ● ● ● **질주하는 배**

돛과 닻은 비슷한 이름만큼이나 사이좋은 친구였다. 그들은 늙은 선장과 선장만큼이나 늙은 배와 함께 바람을 헤치고 물살을 가르며 바다 위를 항해했다. 그러던 어느 날 낯선 방문객이 그들의 배에 올라탔다.

"최대한 빨리 목적지까지 나를 데려다주면 금화 100닢을 주겠소."

남자는 일생일대의 중대한 약속을 지켜야만 하는 절박한 상황이었다. 금화 100닢이면 배 한 척을 새로 살 수 있는 엄청난 돈이었다. 남자의 제안에 선장은 배에 있는 물건들을 죄다 바다로 집어던지기 시작했다. 예상처럼 가벼워진 배는 전보다 빨리 속도를 냈다. 그러나 남자의 조바심은 점점 더해져만 갔다. 배가 돌고래처럼 빠르게 물살을 가르고 있었지만, 약속 시간까지 닿지 못할 것만 같았다. 남자는 선장을 다그쳤지만 배 위에는 더 이상 버릴 물건이 남아 있지 않았다. 그때 남자의 눈에 이물에 달린 커다란 쇳덩이가 들어왔다. 바로 닻이었다.

"저 무거운 쇳덩이를 버리면 속도가 훨씬 빨라지지 않겠소?"

남자의 말에 돛과 닻은 깜짝 놀라고 말았다. 선장은 고개를 절레절레 저으며 말했다.

"손님, 닻이 없으면 배를 멈출 수가 없습니다."

그러나 남자는 고집을 꺾지 않았다.

"내가 준 금화로 이까짓 고물 배는 버리고 새 배를 사면 그만이잖소?"

선장은 고민을 거듭한 끝에 고개를 끄덕였다. 남자의 말처럼 닻이 없는 채로 포구에 닿으면 배가 많이 부서질 테지만 새 배로 바꾸면 그만이었다. 이참에 배를 새로 장만할 욕심이 일었다.

"사, 살려 주세요!"

"선장님, 닻이 없으면 큰일이 난다고요!"

닻이 애원하고 돛이 말렸지만, 결국 선장은 닻을 끌어올려 묶어놓은 굵은 동아줄을 끊어버렸다. 순식간에 닻이 검은 바다 속으로 사라져버리자, 배는 이전보다 훨씬 속도를 낼 수 있었다.

얼마 뒤 배는 목적지에 다다랐다. 그러나 남자도 선장도 결코 뭍에 발을 내디딜 수는 없었다. 남자가 닿으려던 해안은 암초가 가득한 해안이었다. 암초에 걸린 배의 밑창이 뻥 뚫려 바닷물이 폭포수처럼 쏟아져 들어오기 시작했다.

"어, 어떻게 좀 해봐요!"

남자가 당황해 소리쳤지만, 늙은 선장은 가라앉는 배에 주저앉아 울먹일 뿐이었다.

"아이고, 닻만 버리지 않았어도 배를 멈출 수 있었을 텐데. 그 놈의 돈에 눈이 멀어 멈출 방법을 버렸으니……."

선장의 때늦은 후회가 침몰하는 배와 함께 바다 속으로 사라져 갔다.

● ● ● ●

긴 항해를 떠나면서 배 안에 닻(anchor)은 없고 돛(sail)만 있다면 어떻게 될까? 아마도 쉼 없이 전진하는 질주의 운명에서 허우적거릴지 모른다. 배도 먼 길을 사고 없이 순항을 하려면 가끔씩 휴식을 취해야 한다. 그래야 다시 돛을 높이 세우고 다음 행선지로 힘차게 나아갈 수 있다.

돛은 배의 다음 항로를 예측하는 미래지향적 도구로서 전진과 발전을 뜻한다. 반면에 닻은 배가 지나온 항로들을 기억하는 과거지향적 도구로서 멈춤과 휴식을 뜻한다. 이처럼 닻과 돛은 서로 다른 목적으로 쓰이지만 순탄한 항해를 위해서는 이 둘 모두 꼭 필요한 존재이다.

21세기 치열한 경쟁사회를 살면서 오로지 전진만을 목표로 살아가는 사람들이 많다. 반대로 무거운 닻을 달고 항상 그 자리에 멈춰서 앞으로 나아가지 못하는 사람들도 적지 않다. 이들처럼 되지 않기 위해서는 인생의 돛과 닻을 지혜롭게 활용할 줄 알아야 한다. 그리고 자신이 지향하는 인생의 목적지를 명확히 설정하고, 이에 필요한 인생의 닻과 돛이 무엇인지를 성찰해야 한다. 그래야 험난한 인생의 항해를 막힘없이 순항해갈 수 있다.

인생의 항해에서 닻의 역할은 중요하다. 여기서의 '닻'은 발전적 성숙을 위한 멈춤의 시간을 의미한다. 긴 항해에 지친 배가 닻을 내리고 휴식을 취하듯 목표만을 위해 달려온 우리도 보다 큰 전진을 위해 성찰의 시간이 필요한 것이다. 하지만 너무 오랫동안 한곳에 정박하다보면 닻은 오히려 힘찬 출발을 저해하는 장애물로 작용할 수 있다. 그렇기 때문에 잠시 닻을 내릴 때는 어디서 내 삶을 정박시킬 것인지, 그리고 언제 다시 새로운 정박지로 떠날 것인지를 함께 생각해야 한다. 그래야 비로소 닻은 더 높이 더 멀리 나아갈 수 있는 도약대(springboard)로서 그 가치가 빛나는 것이다.

닻은 혼자서는 존재할 수 없다. 미래를 향해 전진하는 돛의 지향성 없이는 닻은 무의미한 존재이다. 내 인생의 돛, 즉 나의 목적지가 어디냐에 따라 닻은 얼마든지 그 쓰임새가 달라지기 때문이다. 따라서 돛이 보다 자유롭게 전진하기 위해서는 지금의 닻이 어떤 목적으로 쓰일 수 있을지를 점검해보아야 한다. 즉 과속 전진을 제어하면서 과거를 성찰하는 닻인지, 아니면 잠시 멈춰 더 넓은 미래를 조망하는 닻인지를 구분해야 하는 것이다. 그렇게 돛의 목적지에 따라 닻을 자유롭게 내려놓을 수 있어야 길고 험한 인생의 항해를 순항해갈 수 있다.

학습여정에도 닻을 내릴 시간, 즉 멈춤의 시간은 반드시 필요하다. 지금껏 배운 내용들을 자신의 목소리로 차분히 정리하는 시간이 없으면 넘쳐나는 정보와 지식으로 머릿속은 포화상태가 되고 만다. 그렇게 무거워진 정보와 지식은 오히려 학습을 방해하는 장애물로 작용할 수 있다. 불을 지피기 위해서 아궁이에 나무를 마구 쑤셔 넣는 것보다 공기가 잘 들어갈 수 있도록 차곡차곡 쌓아야 하듯이 우리 머릿속도 차분히 정리할 시간이 필요하다. 그러기 위해서는 조금 늦더라도 지금껏 배운 것들을 제대로 익히고 자기 것으로 만드는 학습 습관을 들여야 한다.

닻은 대나무의 마디와 같다. 대나무가 가늘어도 그렇게 높이 자랄 수 있는 것은 일정하게 성장한 후 마디를 만들기 때문이다. 마디는 더 높이 성장하기 위한 디딤돌이자 발판이다. 만약 대나무가 마디 없이 높이 자라기만 했다면 한 차례 비바람에도 쉽게 부러지고 말았을 것이다. 학습도 멈춤의 시간을 통해 배움의 마디를 견고히 구축해야 한다. 이렇게 천천히 그리고 제대로 배우고 익혀가는 학습을 통해서 진정한 지혜를 만들어 갈 수 있다.

하루의 닻을 내리며 성찰하기

바쁜 일상에서 점점 자신을 위한 시간을 갖기 힘들어진다. 하지만 하루에 5분이라도 자신과 대화를 해보자. 하루 일과를 성찰하지 않은 채 반복되는 일상은 스스로를 소진시킬 수 있다. 오늘 나는 무엇을 기대했는가? 오늘 새롭게 배운 점은 무엇인가? 이처럼 자신과의 대화를 메모해두면 훗날 소중한 개인의 역사가 될 수 있다.

끊임없이 변화하고 변화하라

● ● ● ● 바다로 간 시냇물

비가 내렸다. 마른 땅 위에 작은 물줄기가 생겼고, 옹기종기 모여 흐르던 작은 물줄기는 모여 냇물이 되고 이내 개천이 되었다.

"아유, 갑갑해. 어서 빨리 넓은 바다로 갔으면 소원이 없겠다."

"그게 어디 우리 마음대로 되니? 참고 견디면 언젠가는 바다에 닿을 거야. 사서 걱정하지 마."

여기저기서 모여든 물들은 서로 몸을 섞고 부대끼며 졸졸졸 수다를 떨기 시작했다. 그때 아주 먼 산골 옹달샘에서 온 지하수가 차갑게 냉소에 찬 목소리로 말했다.

"흥, 왜 우리는 만날 멍청하게 밑으로만 흐르는 거죠? 나는 물길 위 다른 세상도 정말 궁금한데."

그 말에 얼마 전 먼 바다에서 증발해 구름이 되었다가 내린 비가 웃으며 말했다.

"세상에 순응하는 삶은 소극적인 게 아니라, 오히려 가장 적극적인 거야. 무엇인가에 순응한다는 것은 결코 쉽지 않은 일이거든. 거스르고자 하는 욕망을 절제하는 것만큼 어려운 게 또 있을까? 게다가 우리는 아래로 흐르면서 많은 것을 보고 배울 수 있어. 수많은 난관과 위기들, 예컨대 물길을 가로막는 바위도 만나고, 낭떠러지를 만나 뛰어내리기도 하잖아. 물길이 막힌 곳에서는 오랫동안 갇혀 고생하기도 하고."

그러자 이번엔 지하수가 맞받아쳤다.

"그래봤자 바다로 흘러갈 뿐이잖아요. 망망대해요! 거기서 우리가 하는 일이라고는 고작 다시 뜨거운 햇볕에 증발하기만 기다리는 것밖에 없죠."

비는 고개를 저으며 말을 이었다.

"우리는 그냥 바다로 가는 게 아니야. 끊임없이 새로운 곳을 지나고, 새로운 동물을 만나고, 그러면서 순응하는 법을 배우는 것이란다. 바다가 왜 위대한지 아니? 바로 세상에서 가장 낮은 곳에 있기 때문이란다. 바다는 다름도 틀림도, 차이도 차별도 없는 세상의 모든 것을 포용하기에 수많은 생명들이 그 품안에서 기대 쉴 수 있는 것이란다. 그리고 그런 바다의 포용력은 우리가 이렇게 바다로 흘러가는 과정에서 경험한 많은 것들이 녹아들었기 때문에 비로소 가능한 거란다. 그러니까 우리는 정말 소중한 존재이지."

그의 마지막 말에 지하수는 비로소 고개를 끄덕일 수 있었다.

"자, 이제 여러 친구들이 모였으니 바다를 향해 신나게 달려볼까?"

"그래, 달려보자고!"

그의 말에 많은 물줄기들이 환호하며 바다를 향해 흘러가기 시작했다.

●　●　●　●

　중국의 성인들은 하나같이 물의 중요성을 역설한 바 있다. 노자는 "최고의 선은 물과 같다"(上善若水)고 했으며, 손자는 "물을 닮은 조직이 가장 강한 조직"이라며 부럽지만 강한 물의 특성을 설파하기도 했다. 물은 높은 곳에서 아래로 흘러 최종 종착지 바다로 모여든다. 이렇게 바다로 물이 한데 모이는 이유는 가장 낮은 곳에 바다가 위치해 있기 때문이다. 이렇듯 바다는 낮은 곳으로 찾아온 그 모든 것들을 거부하지 않고 겸손과 포용의 미덕으로 감싸 안는다.

　바다가 모든 것을 받아들이듯 학습의 자세도 그러해야 한다. 학습을 하면 할수록 다름과 차이, 다양성과 복잡성을 포용하게 되며, 이를 통해 각각의 독특한 의미와 본질을 존중하면서 점점 더 많은 것을 받아들이게 된다. 이렇게 받아들이기 위해서는 받아들일 그릇과 받아들일 수 있는 자세가 필요하다. 바다는 물의 종류를 판단한 다음 받아들일 물과 그렇지 않은 물을 구분하지 않는다. 바다가 모든 물을 다 받아주는 것은 그만큼 그릇이 넓기 때문이다. 설혹 이미 오염된 물이라도 그 물을 정화시켜 이미 존재하는 물과 같이 어울리게 만드는 놀라운 흡수력과 정화력을 지니고 있다.

물이 가장 낮은 곳으로 흘러가는 것처럼 학습도 평범한 사람들이 어울려 살아가는 삶의 무대에서 더 의미 있고 자연스럽게 일어난다. 일상적 삶의 무대에는 참으로 다양한 사람들의 목소리와 다양한 삶의 방식이 존재한다. 낮은 곳일수록 삶의 애환이 살아 있으며 진솔한 삶의 지혜도 발견할 수 있다.

물은 자신이 궁극적으로 도착하는 곳이 바다라는 사실을 잘 알고 있다. 언젠가는 그곳에 도달할 것이라는 꿈과 희망이 있기에 절대로 서두르지 않는다. 그리고 물이 흐르는 주변 환경과도 절대로 싸우지 않는다. 흐르다 막히면 조용히 때를 기다리고 흐르는 방향을 무엇인가가 막으면 그 옆으로 흘러가기도 한다. 때로는 밑으로 흘러갔다가 또 다른 장애물을 만나면 작은 틈새에 스며들어 결국에는 또 다른 길을 만나 유유자적하게 바다로 쉬지 않고 흘러간다.

학습도 마찬가지다. 학습을 통해서 달성하고자 하는 목적의식만 확실하다면 서두를 필요가 없다. 학습하는 과정에서 발생하는 난관과 위기, 딜레마적 문제 상황을 피하며 빠른 길을 선택하지도 않는다. 오히려 위기를 맞이하면 조용히 앉아서 성찰하고 반성하면서 문제 상황이 자신에게 어떤 의미를 지니고 있는지 곰곰이 따져본 다음 다시 일어서서 앞으로 나아간다. 물이 낭떠러지를 만나면 지체 없이 용감하게 뛰어내리는 것처럼 최고의 학습은 위기상황에서 두려움을 극복하며 설혹 잘못된 선택과 실패가 다가와도 포기하지 않는 것이다. 오히려 그런 실패와 실수로부터 많은 것을 배워야 한다.

물은 변화의 상징이기도 하다. 물이 흐르지 않고 어딘가에 고여 있으면 그 물은 곧 죽음의 길로 접어든다. 마찬가지로 우리를 둘러싼 환경은 시시각각 변화하며 새로운 지식을 원한다. 그렇기 때문에 학습도 학습주체의 안과 밖에서 정보가 끊임없이 흐르고 흐르는 과정 속에서 새로운 지식이 창조되어야 한다.

학습의 힘은 학습을 통해서 습득한 지식의 양에서 나오지 않고 터득하고 깨달은 지혜의 힘에서 나온다. 그리고 그 힘은 나를 둘러싸고 있는 무수히 많은 환경과 사람들 간에 주고받은 지식의 결과로 이루어진 관계성의 산물이다. 그러므로 자신이 무엇인가를 학습했다는 것은 학습과정에서 자신에게 많은 것을 보여주고 다양한 통찰력을 제공해준 수많은 사람들 덕분에 지혜를 터득했다는 뜻이 된다. 그래서 학습을 하면 할수록 겸손해지는 것이다.

더불어 살아감은 내 마음대로 주변을 지배하고 통제하면서 살아가기보다는, 작은 힘이지만 서로가 도와주면서 함께 살아가라는 소리 없는 충고이다. 이 충고를 가슴 깊이 새기기 위해서 바다를 다시 한 번 보자. 그리고 바다로 흘러가는 소리 없는 시냇물을 보자. 그곳에 학습의 참뜻이 있다.

물에서 배우기

물은 위에서 아래로 쉬지 않고 흐른다. 흐르고 흐르다 장애물을 만나면 정면으로 싸우지 않고 우회하는 전략을 취한다. 낭떠러지기를 만나면 고민하지 않고 뛰어내린 다음 전열을 가다듬고 다음 목적지인 바다로 흘러간다. 이런 물의 모습에서 무엇을 배울 수 있는지 정리해보자.

자기 성찰은 배움의 출발이다

● ● ● ● **여우와 거울**

호기심 많은 새끼 여우가 숲속에서 반짝반짝 빛나는 이상한 물건 하나를 발견했다.

"이게 뭐지?"

궁금해서 뾰족한 코를 들이밀던 새끼 여우는 잠시 멈춰 섰다. 처음 보는 낯선 것에 두려움이 일었던 것이다. 여우는 반짝반짝 빛나는 물건 주위를 빙빙 돌며 혹시 녀석이 와락 공격하지는 않는지 기다렸다. 그러나 한참을 기다려도 녀석은 꼼짝도 하지 않았다. 그래도 마음이 놓이지 않아 언제든 도망갈 준비를 하고 살금살금 다가간 여우는 깜짝 놀라고 말았다. 손바닥만한 물건 속에 한가득 담겨 있는 것은 솜털 구름이 유유히 떠가는 푸른 하늘이 아닌가!

새끼 여우가 발견한 것은 바로 깨진 거울조각이었다.

"우와, 조그만 것에 커다란 하늘이 있네!"

여우는 신기해 폴짝폴짝 뛰었다. 아름다운 하늘이 담긴 이 예쁘고 자그마한 것을 엄마한테 가져다주면 칭찬을 받을 게 틀림없었다.

"아얏!"

새끼 여우는 얼른 입으로 거울조각을 물었다가 떨어뜨리고 말았다. 날카로운 유리조각에 입을 베었던 것이다. 순간 여우는 인상을 찡그리며 거울을 보았다. 그리고는 다시 한 번 놀라고 말았다. 어느새 푸른 하늘은 온데간데없고 피를 뚝뚝 흘리며 으르렁거리고 있는 무서운 녀석이 자신을 노려보고 있었던 것이다. 새끼 여우는 거울 속에서 이빨을 드러내고 있는 버릇없는 녀석이 결코 자신이라고는 생각할 수 없었다.

"네 놈은 누구냐!"

여우는 용기를 내 소리쳤지만 상대 여우는 당장이라도 공격할 듯 으르렁거렸다.

"흥, 나는 이 숲의 주인인 여우다. 감히 내게 이빨을 드러내다니!"

여우는 화가 나서 거울 속의 놈을 꿀꺽 집어 삼켜버렸다.

"내가 이겼다. 이놈아. 한 입거리도 안 되는 녀석이 까불고 있어!"

여우는 의기양양 소리치고는 집으로 돌아가기 위해 뒤돌아섰다.

이후 하루가 지나고 이틀이 지나도 엄마 여우는 새끼 여우를 찾을 수가 없었다. 만약 거울 속에 비친 여우가 자신인 줄 알았다면 새끼 여우는 지금쯤 엄마 품에서 달콤한 꿈에 빠져 있었을 테지만······.

미국의 경영학자 짐 콜린스가 쓴 《좋은 기업을 넘어 위대한 기업으로 *Good to Great Company*》라는 책을 보면 훌륭한 리더(good leader)와 위대한 리더(great Leader)의 차이에 대해서 설명하고 있다. 그는 Great를 추구하는 과정에서 최대의 적은 Good이라고 지적하면서 '지금 이 정도도 훌륭한데 더 이상의 변화가 필요할까?' 하는 자기만족을 경계하라고 조언한다. 여기서 말하는 훌륭한 리더는 이류 리더이며 위대한 리더는 일류 리더라고 볼 수 있다. 학습에서도 일류 학습자와 이류 학습자를 거울과 창문을 바라보는 방식에 따라 구분할 수 있다.

우선 이류 학습자는 팀 학습이 잘 안 될 경우 항상 창문을 바라보며 불평한다. "창밖의 팀원들이 각자 자기 역할을 충분히 수행하지 못한다"는 것이다. 이는 학습이 원활하게 진행되지 않는 원인을 자신이 아닌 외부에서 찾기 때문이다. 반면에 일류 학습자는 학습이 잘 진행되지 않으면 항상 거울을 보면서 문제의 원인을 자기 내면에서 찾는다.

답은 언제나 밖에 있지 않고 안에 존재한다. 밖으로 나가 여러 가지를 보고 느끼면서 고민하는 것도 중요하지만, 궁극적인 답은 좁은 안으로 들어가 자신을 성찰하며 반성할 때 비로소 보이는 것이다. 따라서 학습자는 거울을 바라보면서 모든 문제의 원인이 자신에게서 비롯됨을 철저히 깨달아야 한다.

또한 이류 학습자는 학습이 잘 진행될 때는 그 원인을 거울을 보면서 자신에게 돌린다. 함께 한 팀원들의 노고를 칭찬하는 데는 인색한 것이다. 하지만 일류 학습자는 오히려 학습이 잘 될 때 창문을 보면서 "열심히 노력해준 팀원들의 노고와 열정이 오늘의 이러한 멋진 결과를 만들어냈다"며 칭찬을 아끼지 않는다. 이처럼 일류 학습자는 팀원에 대한 인간적인 배려와 따뜻한 관심을 아끼지 않지만 이류 학습자는 팀원에 대한 관심과 배려, 격려와 인정보다는 비난과 질책을 주로 사용한다.

학습의 출발점은 자기 성찰이다. 성찰 없는 학습은 무모하며 학습 없는 성찰은 고루할 뿐이다. 거울을 자기 성찰의 도구로 삼아 문제의 근원을 내면에서 찾아가야 한다. 그래야 학습은 성숙한 아름다움의 꽃을 피울 것이다.

거울 보면서 성찰하기

나는 오늘 일과 속에서 무엇을 배웠는가? 이전에 몰랐던 새롭게 깨달은 사실은 무엇인가? 앞으로 지속적으로 배우고 싶은 것은 무엇인가? 하루 일과를 정리하면서 이렇게 자문자답(自問自答)하는 성찰의 시간을 가져보자.

높이 비상하되 아래를 살피면서 가라

● ● ●   종달새와 뜸부기의 논쟁

이른 아침부터 하늘 높이 날고 있던 종달새의 눈에 나무 위에서 꾸벅꾸벅 졸고 있는 뜸부기가 보였다.

"흥, 한심한 녀석. 일찍 일어나는 새가 먹이를 많이 찾는다는 것도 모르고 매일 아침마다 꾸벅꾸벅 졸기만 하다니. 대체 밤마다 무슨 짓을 하는 거야?"

종달새는 큰 눈을 감고 조느라 정신이 없는 뜸부기를 이해할 수가 없었다. 항상 저녁 어스름이 깔려 자신의 보금자리로 들어갈 때쯤에서야 기지개를 켜고 나무 사이를 날아다니며 먹이를 찾는 뜸부기가 종달새는 무척이나 어리석게 보였다. 종달새는 이참에 그를 한껏 골려주려고 땅으로 내려갔다.

"어이, 답답한 친구. 나 좀 보지."

“아함, 누가 단잠을 깨우는 거야? 어, 종달새로구나.”

뜸부기가 눈을 끔벅끔벅 뜨며 깨어났다. 종달새는 한심하게만 보이는 뜸부기를 꾸짖기 시작했다.

“너는 왜 만날 꾸벅꾸벅 졸기만 하지? 게다가 저녁에 일어나서는 바닥에 바짝 붙어 날기만 하고. 그러니 세상 물정 모르는 새라고 다른 새들이 쑥덕거리잖아. 내일부터는 아침 일찍 일어나 하늘 높이 날아보라고.”

종달새가 의기양양하게 충고하자 뜸부기가 큰 눈을 흡뜨고는 코웃음을 쳤다.

“너야말로 만날 아침부터 하늘 높이 떠 있기만 하니 밤의 숲속이 어떻게 돌아가는지 전혀 모르지. 내가 보기에 너야말로 세상 물정을 전혀 모르는 답답한 친구야.”

뜸부기는 종달새를 오히려 답답하다며 윽박질렀다.

“흥, 바보 녀석.”

“흥, 멍청한 녀석.”

둘은 서로를 무시하며 고개를 돌려버리고 말았다.

종달새는 이른 아침 하늘 높이 떠서 맞는 세상이 좋았다. 멀리 보이는 아름다운 숲과 강과 높은 산을 모르는 뜸부기가 불쌍할 정도였다. 그러나 뜸부기는 텅 빈 허공과 아득히 보이는 풍경들이 낯설고 멀게만 느껴졌다. 그는 어두운 소나무 숲 사이로 깡충깡충 뛰어다니는 다람쥐들을 잡기 위해 날개를 펄럭이며 밤의 비행을 하는 게 제일 좋았다. 서로의 차이를 인정하지 못하는 둘은 밤과 낮처럼 함께 합치지 못하고 평행선을 달릴 뿐이었다.

가장 높이 날아다니는 새는 종달새이고 가장 낮게 땅바닥을 기어 다니는 새는 뜸부기라고 한다. 보이지 않을 정도로 높이 날아다니는 종달새와 논바닥을 낮게 날며 땅과 가까이 지내는 뜸부기는 나름대로 존재의 이유와 역할이 있다.

종달새는 가장 먼저 일어나 사람들에게 먼동이 터오고 있음을 알려주는 부지런한 새이다. 게으른 인간들에게 지금 바깥세상에는 우리들이 기다리는 희망의 물결이 몰려오고 있다는 메시지를 전해주는 것이다. 반면에 뜸부기는 석양이 밀려들기 전에 지금 칠흑 같은 어둠의 세계가 다가오고 있으니 정신을 바짝 차리라는 경고의 메시지를 알려준다. 이처럼 종달새는 인간에게 먼동의 아침이라는 희망의 메시지를, 또 뜸부기는 석양의 어둠이라는 새로운 잉태의 메시지를 전해주는 것이다. 그런데 이들이 전해주는 메시지의 내용도 중요하지만 그 메시지를 받아들이는 우리들의 자세와 판단도 중요하다. 그리고 이 메시지에 대응하여 어떤 노력을 기울이느냐에 따라 그 효과도 크게 달라질 수 있다.

종달새형 학습은 자기 분야의 최첨단 트렌드와 변화 추세를 주목하면서 이 변화 흐름에 맞는 대응자세를 높이는 데 노력한다. 따라서 앞으로 세상이 어떻게 바뀔지에 대한 빠른 대응능력과 이에 대한 자기변화 전략을 수립하는 데 역점을 둔다. 반면에 뜸부기형 학습은 무엇보다도 현실 속에 진실이 있고 진실 속에 진리가 숨어 있음을 가정한다. 진정한 의미의 변화는 현실에 대한 올바른 인식과 판단, 이에 근거한 의사결정이 가장 중요한 요소라고 생각하는 것이다. 그래서 항상 자신이 몸담고 있는 현장의 목소리에 귀를 기울인다.

이처럼 종달새의 트렌드 파악력과 선견지명은 미래중심적 학습에 결정적으로 필요한 능력이고, 뜸부기의 현실 이해력과 문제 파악력은 지금 여기서 어떤 변화를 시도해야 하는지에 대한 학습전략을 세우는 데 없어서는 안 되는 중요한 능력이다. 그렇다면 이상적인 학습을 위해서는 종달새처럼 높이 떠서 세계의 변화를 미리 파악하는 주도면밀한 자세도 필요하고, 뜸부기처럼 낮게 날면서 현재 어떤 현실적인 문제점이 있는지도 분명하게 파악해야 한다.

종달새의 현실을 무시한 미래지향적 투시력만으로 발생하는 학습은 절름발이 학습에 불과하다. 마찬가지로 뜸부기처럼 세계의 변화추세를 무시한 채 현실지향적 문제의식만 중시하는 학습도 절반의 학습에 그치고 만다. 자신을 둘러싼 환경의 변화 추세나 경쟁상대가 어떤 준비와 노력을 하고 있는지 모르면서 "지금 여기서"에 치중하는 문제의식만을 갈고 닦을 경우 보편적 타당성을 상실할 수 있다. 반대로 "지금 여기서" 왜 이런 문제가 발생하며 어떤 노력을 기울여야 하는지를 무시하고 바다 건너 먼 나라의 변화 추세를 일방적으로 받아들일 경우에도 문화적 특수성을 인정하지 않는 사대주의적 발상에 젖을 수 있다.

따라서 진정한 의미의 학습은 우선 자기 분야를 둘러싸고 있는 거시적 환경변화 추세를 주목하는 데에서 출발한다. 그리고 그 변화가 자신이 몸담고 있는 현실에서 어떤 의미와 시사점을 주는지를 반추해보고 성찰하는 노력이 병행될 때 비로소 완성될 수 있다.

변화 추세 따라잡기

미래의 변화 추세를 파악하려면 적어도 미래학 관련 책을 한두 권쯤은 독파해야 한다. 꼼꼼히 따져 읽어가면서 미래사회의 환경변화(Mega Trends)가 나의 조직에 미치는 영향(Macro Trends)과 구체적으로 자신의 경쟁력 강화에 어떤 방식으로 연결(Micro Trends)될 수 있는지를 곰곰이 생각해보자.

Chapter 2

탄탄한 **지식을 만드는** 학습의 힘

Learning **Power 2**

생각의 수족관을 키워라

● ● ● ● 커가는 코이 잉어

나른한 오후 한 남자가 강에서 낚시를 하고 있었다. 남자는 고기가 잘 잡히지 않는지 꾸벅꾸벅 졸기도 하고, 흐르는 강을 마냥 바라보기도 하며 한가로운 시간을 보내고 있었다.

한참 졸던 남자는 찌가 움직이는 걸 보았다. 그리고 힘차게 낚싯줄을 감아올렸다. 땀까지 흘리며 잡은 고기는 크기가 무려 1미터가 넘는 엄청난 물고기였다. 온몸이 울긋불긋 화려한 무늬를 가진 이 물고기는 '코이'라는 이름의 비단잉어였다.

"세상에 이렇게 크고 아름다운 물고기가 또 있을까!"

비단잉어를 팔아 목돈을 챙길 생각에 희희낙락하던 그에게 때마침 친한 친구가 다가와 말했다.

"배가 팽팽한 게 알을 밴 녀석이로군. 만약 알을 부화시켜 기른다면 수

천 마리의 잉어를 팔 수 있을 텐데……."

현명한 친구의 말에 그는 귀가 솔깃해졌다. 친구의 말처럼 치어를 길러 팔 다면 수익은 엄청날 터였다. 그는 곧장 커다란 어항과 수컷 비단잉어를 한 마리 장만했다. 그러고는 잉어의 배를 갈라 꺼낸 알들에 수컷의 씨앗을 뿌려 수정을 시켰다. 다행히 그의 지극한 정성에 수정된 알에서 곧 수천 마리의 치어들이 태어났다. 그는 어항 속에 가득한 치어들을 보며 흐뭇한 표정을 감추지 못했다.

"무럭무럭 자라 커다란 잉어가 되어라!"

그는 정성을 다해 잉어를 길렀다. 그러나 곧 문제가 발생했다. 무럭무럭 자라던 잉어들이 어느 순간부터 더 이상 자라지 않는 것이었다. 고민하던 그는 친구를 불러왔고, 어항 속을 살펴보던 친구가 말했다.

"어항을 좀 보게. 비좁은 어항 속에서 잉어가 제대로 자랄 수 있겠는 가?"

그는 친구의 말을 듣고 수백 마리 잉어가 마음껏 헤엄칠 수 있는 크기의 연못을 만들었다. 그러자 아무리 좋은 먹이를 주어도 더 이상 자라지 않던 잉어들이 다시 자라기 시작했다. 그러나 그것도 잠시, 어른 팔뚝만큼 튼실 하게 자라던 잉어들이 이번에도 어느 수준에 다다르자 성장을 멈추었다.

그는 다시 친구를 찾았다. 그의 부름에 달려온 친구는 연못을 확인하고 말했다.

"자네 정말 크기가 1미터가 넘는 잉어를 보고 싶은가?"

"당연하지. 내 그 꿈을 이루기 위해 이렇게 고생하고 있지 않은가."

그의 대꾸에 친구가 말했다.

“녀석들을 보게. 자네가 만든 연못도 이제 비좁아 보이지 않은가? 만약 1미터 크기의 잉어를 보고 싶다면 이 연못도 무리일세.”

친구가 돌아간 후 그는 생각에 잠겼다.

‘그럼 어떻게 해야 한단 말인가?’

이런저런 생각에 시름겨워하던 그는 한 가지 결론에 도달하게 되었다. 그리고 비로소 그의 입가에 은은한 미소가 비치기 시작했다.

“그래, 내가 욕심을 버리면 돼. 잉어로 돈을 버는 것보다 큰 잉어들이 강에서 유유히 헤엄치는 걸 보는 게 더 행복할 거야.”

그는 연못에서 잉어들을 꺼냈다. 그리고 처음 그가 코이 잉어를 잡고 기뻐했던 그 강가로 가 놔주기 시작했다.

“이제 강은 잉어들이 무럭무럭 자랄 수 있게 하는 내 어항이야. 여러분, 세상에서 가장 큰 어항에 어디에서도 볼 수 없는 아름답고 큰 잉어가 있습니다. 전부 구경하러 오세요!”

그는 마을 사람들을 향해 힘껏 소리쳤다. 그날 이후 사람들은 강물에서 유유히 헤엄치며 마음껏 자라는 엄청난 크기의 코이 잉어를 볼 수 있었다.

● ● ●

혹시 나의 생각도 작은 수족관 안에서 안주하고 있지는 않은가? 만일 그렇다면 생각의 크기인 상상력도 점점 줄어들게 되고, 급기야 나중에는 미래의 꿈마저 제한을 받을지 모른다. 그러니 이제부터라도 좀 더 큰 수족관에 나 자신을 위치시켜보자. 그리고 여기서 그치지 말고 강 밑바닥까지 그 한계를 넓혀보자. 스스로 꾸는 꿈이 원대하면 할수록 그 실현 가능성도 한껏 높아진다. 그러니 깊은 강 속까지 꿈을 키워나가는 코이 잉어처럼 자신의 한계를 뛰어넘어 드넓고 푸르른 바다를 향해 내달려보자.

코이 잉어 우화는 스스로 숨 쉬고 활동하는 세계의 크기에 따라 얼마든지 피라미도, 대어도 될 수 있음을 잘 보여주고 있다. 즉 스스로 바라보고 상상하는 미래의 비전만큼 자신의 앞날이 열리는 것이다. 그리고 미래의 비전을 준비하면서 호시우보(虎視牛步)의 정신을 다시 한 번 되새겨보자. 호시우보란 호랑이처럼 앞을 크게 내다보고 소처럼 우직하게 걸어가는 정신자세를 말한다. 즉 호시(虎視) 없는 우보(牛步)는 자칫 무모할 수 있고, 우보 없는 호시 또한 공상에 그칠 수 있음을 다시 한 번 되새겨봐야 한다.

자신이 꿈꾸는 세계를 확고히 믿으면 그 꿈은 반드시 실현된다. 그러나 스스로 불가능하다고 단정해버리면 아무리 원대한 꿈이라도 결코 실현할 수 없다. 꿈은 한 번으로 그치면 백일몽으로 끝나버리지만 여러 번 반복해서 꾸면 반드시 이루어진다고 한다. 또 꿈을 나누는 동료들과 함께 매진해가면 그만큼 꿈에 더 가깝게 다가간다. 한 배를 탄 사람들이 거친 파도를 두려워하지 않고 계속 전진해가는 것도 그들의 간절한 의지가 엄청난 힘을 일으키기 때문이다. 또한 꿈의 주체는 바로 '나' 자신임을 잊지 않아야 한다. 스스로를 수족관처럼 작은 세상으로 데려갈 것인지, 아니면 강이나 바다처럼 큰 세계로 인도할 것인지는 전적으로 자신의 선택에 달려 있다. 자신의 꿈의 크기가 어항인지 연못인지, 아니면 넓고 넓은 강이나 바다인지를 결정하는 주체는 바로 나 자신인 것이다.

그런데 요즘 사람들은 꿈꾸는 것 자체를 멀리하는 것 같다. 그냥 하루하루 빠르게 흘러가는 일상에 지쳐서 미래의 꿈조차 부담스러워하는 것이다. 하지만 인생에서 정작 중요한 것은 빠르게 질주하는 '속도'가 아닌, 어디로 갈 것인지에 대한 '방향'이다. 그 인생의 방향을 명확히 설정한 사람만이 그토록 갈망하는 꿈에 도달하는 것이다. 그렇다면 지금 나는 어디를 향해서 매진하고 있는가? 그 방향이 아주 작은 어항 속인가? 아니면 드넓은 바다인가?

학습도 꿈을 품고서 시작된다. 배우고 익히는 학습여정이 힘들고 어렵지만 꿈이 있기에 한 걸음 한 걸음 앞으로 내딛는 힘이 생긴다. 학습은 끊임없는 시행착오의 과정이기도 하지만, 그 시간을 통해 생각의 크기를 획기적으로 발전시킬 수 있는 기회이기도 하다. 이런 점에서 학습은 생각의 크기를 결정하는 원동력이라고 할 수 있다. 연못에서 출발한 코이 잉어의 작은 꿈이 그

곳에서 안주하지 않고 엄청난 변화를 열어준 것처럼 우리도 학습을 통해 자신의 꿈의 크기를 얼마든지 변화시켜 나갈 수 있다. 물론 그 꿈을 향한 학습의 주체 역시 바로 자기 자신임을 잊지 말아야 할 것이다.

성공한 사람들에게서 배우기

꿈을 실현한 사람들을 찾아보자. 성공한 기업가, 예술가, 운동선수 등 그들은 어떻게 꿈을 꾸고 실현했을까? 그들만의 꿈 실현전략이 무엇인지를 조사해보자. 그리고 여기서 배울 점이 무엇인지를 정리한 다음 자신만의 독창적인 꿈 실현전략을 만들어보자.

깊게 파고들고 넓게 경험하라

깊은 바다 속에서 커다란 몸집을 자랑하는 참치가 열심히 헤엄을 치고 있었다. 사실 참치는 잠시도 쉬지 않고 움직인다. 심지어 잠을 잘 때도 가만히 있지를 못하고 빠르게 움직이니, 참치가 움직임을 멈추는 순간은 죽은 뒤라는 말도 있다.

어느 날 바다 밑으로 내려온 참치의 눈에 펄에 납작하게 드러누워 교묘히 숨어 있는 넙치가 보였다.

"저 게으른 녀석이 넙치라는 녀석이군."

한평생을 부지런함으로 살아온 참치의 눈에 넙치는 인생을 헛살고 있는 한심한 녀석으로밖에 비춰지지 않았다.

"어이, 한가한 넙치 양반. 기운이 없어 매일같이 그렇게 드러누워 있나?"

참치의 비아냥거림에 넙치가 피식 웃었다.

"조용히 하고 자리 좀 비켜주지 않을래요? 저는 지금 열심히 사냥 중이랍니다."

넙치는 펄에 있는 듯 없는 듯 숨어 있다가 바로 앞으로 먹이가 지나갈 때 재빨리 낚아채는 변장술의 달인이었다. 하지만 참치는 사냥 중이라는 넙치의 말을 이해할 수가 없었다.

"먹이를 잡으려면 나처럼 끊임없이 움직여야지. 먹이가 오기만을 기다리는 너 같은 녀석이 어떻게 먹이를 잡겠다는 거지?"

참치의 질문에 넙치는 한숨을 폭 내쉬었다.

"당신 눈에는 내가 쉬고 있는 것처럼 보이겠지만 나는 지금 전력을 다해 몸을 숨기고 사냥하는 중이랍니다. 당신을 모든 것의 기준으로 삼지 마세요. 이 세상에는 당신과 전혀 다른 방식으로 살아가는 사람들이 더 많답니다. ……어어, 자, 잠깐 좀 비키세요. 사냥감이 오고 있으니. 얼른!"

넙치의 말에 참치는 재빨리 커다란 산호초 뒤로 숨었다. 그러고 나자 넙치의 말대로 멀리서 작은 물고기 한 마리가 헤엄쳐 다가오고 있었다. 넙치는 교묘히 펄에 몸을 숨겼다. 참치는 숨죽이고 그 광경을 유심히 지켜봤다.

1미터, 30센티미터…… 드디어 작은 물고기가 넙치의 머리를 지나는 찰나 개펄 속에 숨어 있던 넙치가 재빠르게 물고기를 낚아챘다. 그 속도가 얼마나 빠른지 눈 한번 깜박이지 않던 참치도 보지 못할 정도였다.

"우와, 나보다 더 빠르잖아."

참치는 게으름뱅인 줄 알았던 넙치의 사냥 솜씨에 할 말을 잃어버렸다.

넙치는 작은 물고기를 입에 문 채 참치를 바라보며 씩 웃었다.

참치는 그제야 어떤 일이든, 어떤 사람이든 자신의 잣대로만 판단할 수 없다는 것을 깨달았다. 그리고 그동안 자신이 얼마나 어리석었는지 되돌아볼 수 있었다.

●　●　●

우화에서 보듯 넙치는 참치와는 달리 평생을 바닥에 납작하게 엎드려서 살아간다. 그래서 넙치는 자기가 사는 바다 근처만 알고 지낸다. 그러나 참치는 온 바다 구석구석을 부지런히 돌아다니기 때문에 바다의 정황을 누구보다도 꿰뚫고 있다. 참치처럼 잠시도 쉬지 않고 돌아다니는 사람이 있는가 하면, 넙치처럼 늘 한자리에서 한가롭게 여유를 만끽하는 사람도 있다. 물론 어떻게 사는 것이 가장 현명한 방법이라고 단언할 수는 없다. 하지만 한가지 분명한 점은 모두가 어디로 달려가고 있는지 모르면서 자기만의 방식대로 살아가고 있다는 것이다.

학습은 참치처럼 부단히 움직이면서 자신에게 필요한 정보를 찾는 노력이 중요하다. 그리고 찾은 정보를 깊이 천착하면서 그 의미가 무엇이며, 그것이 자신의 학습에 어떤 방식으로 연관되는지를 따져보는 노력도 중요하다. 왜냐하면 학습은 달리는 속도와 투입되는 시간보다는 어디로 가는지에 대한 방향설정과 성찰이 더 중요하기 때문이다. 또한 참치가 지닌 부지런함은 넙치의 멈춤과 휴식의 미덕 없이는 오히려 해가 될 수 있다. 학습은 참치의 부지런함을 통한 효율적인 배우기(學)와 넙치의 여유와 성찰을 통해 이루어지는 효과적인 익히기(習)가 조화를 이루어야 한다. 그래야 비로소 지식은 참된 빛을 발할 수 있다.

미래의 인재는 전문가를 의미하는 'Specialist'보다 식견과 안목의 깊이와 넓이를 동시에 갖춘 'General Specialist'나 'Special Generalist'가 요구된다고 한다. 자칫 넓이 없는 깊이는 편협할 수 있으며 깊이 없는 넓이도 가벼울 수 있다. 따라서 자신의 전공분야에 대한 깊이 있는 지식은 기본이고, 더 나아가서 관련 분야에 대한 폭넓은 관심과 식견까지 갖추어야 이 시대가 요구하는 경쟁력 있는 인재로 거듭날 수 있다.

전체 속에서 내 위치 파악하기

현재 자신의 업무와 관련하여 긴밀한 협조관계가 필요한 부서는 어디인가? 그 부서와 어떤 점에서 연결되어 있다고 생각하는가? 혹시 타부서와 의견 충돌이나 갈등을 빚어본 적은 없는가? 이 경우 역지사지의 학습이 중요하다. 업무는 나만의 능력으로 이뤄지지 않는다. 전체 속에서 자신의 업무가 어떤 과정을 통해 누구의 도움으로 이뤄지는지 생각해보자.

일상의 작은 호기심도 놓치지 마라

● ● ● ● **원숭이의 바나나**

과학자가 원숭이 우리에 먹음직스런 바나나를 달아놓고, 가느다란 철사로 뜨거운 물이 가득 담긴 바가지를 연결했다. 원숭이가 바나나를 잡는 순간 바가지가 기울어지며 뜨거운 물이 쏟아지게 만든 것이다. 원숭이가 세상에서 제일 좋아하는 바나나와 세상에서 제일 싫어하는 뜨거운 물을 함께 놓았을 때의 행동을 관찰하는 실험이었다.

"으악!"

역시 바나나를 올려놓자마자 재빠른 원숭이 한 마리가 후다닥 바나나를 땄고, 순간 머리에 뜨거운 물을 홀랑 뒤집어쓰고는 꽥꽥대며 우리를 뱅글뱅글 돌았다.

"하하하, 저 녀석 머리 좀 봐!"

다른 원숭이들이 뽀글뽀글 파마가 된 머리를 부여잡고 낑낑대는 원숭이를 보고는 배꼽을 잡고 웃었다. 그리고 다른 원숭이 한 마리가 다시 바나나를 따다가 뜨거운 물벼락을 맞아야만 했다.

"이, 이게 어떻게 된 일이지?"

원숭이들은 그제야 뽀글뽀글 파마 이인조를 보고는 두려움에 떨었다. 배가 고팠지만 바나나를 따먹을 수가 없었다. 바나나는 곧 뜨거운 물이라는 것을 알아챘기 때문이었다. 그런데 새끼 원숭이 한 마리가 겁도 없이 바나나를 향해 가는 것이 아닌가.

"어이, 꼬마. 다가가지 말라고."

"형님들이 뜨거운 물에 험한 꼴 당하는 것 못 봤어?"

무리들이 말렸지만, 새끼 원숭이는 철창에 매달린 채 천천히 바나나에 다가갔다. 그러고는 바나나를 허겁지겁 따던 원숭이들과 달리 유심히 관찰했다. 그러자 바나나 꼭지에 철사가 걸려 있는 것이 보였다.

'저 처음 보는 철사 때문에 바나나만 따면 뜨거운 물이 쏟아지는 걸지도 몰라.'

원숭이는 철사가 뜨거운 물이 쏟아지게 한다는 것을 짐작하고는, 바나나를 잡기 전에 철사를 꼭지에서 빼버렸다. 그러자 바나나를 따도 물이 쏟아지지 않았다.

"야호, 이 바나나는 내 거다!"

원숭이는 폴짝폴짝 뛰며 환호성을 질렀다.

"어, 이제 뜨거운 물이 안 쏟아지나 보네?"

다른 원숭이들이 바나나를 따기 위해 황급히 달려들었다. 그러나 맛있는 바나나에만 정신이 팔린 그들에게 돌아오는 건 뜨거운 물밖에 없었다.

“앗, 뜨거워!”

“으악.”

놀라 소리치는 원숭이들을 보며 새끼 원숭이가 의기양양 중얼거렸다.

“그러게 먹는 것에 정신이 팔려 작은 철사를 보지 못하니까 그렇지!”

* * *

학습은 늘 당연하다고 생각해왔던 관행적인 사고에 “왜?”라는 문제제기를 하면서 시작된다. 당연함에 문제를 제기할 때 잠자고 있던 뇌는 사색과 사고의 날개를 펼친다. 그리하여 이제까지 당연시되었던 현상을 다른 각도로 바라보기 시작하고, 그러한 시도를 통해 새로운 가능성의 문이 열리기 시작한다. 당연하다고 생각했던 점이 이상 징후로 인식되기 시작하며 근본적인 회의(懷疑)가 시작되는 것이다.

현대인들은 당연히 자연스럽다고 생각하는 ‘당연의 세계’*와 그것에 아무런 반성 없이 동의하는 ‘물론의 세계’*에 너무나 익숙해져 있다. 그래서 문제가 심각한 상태로 돌아가고 있는데도 아무런 문제를 제기하지 않는다. 이러한 당연과 물론의 세계에 길들여진 자신을 구출하는 유일한 방법이 있다. 바로 “당연하

---

* 《세상에서 가장 무거운 싸움》, 김승희 저, 세계사, 1999

다”고 여긴 당연이 당연하지 않을 수 있다는 것을 자각하며, “물론 그렇다”라고 인정한 물론의 세계에 저항과 거부를 하는 것이다. 당연과 물론은 인간의 사고와 정신을 속박의 덫에 가두고 그 세계에 안주하게 만든다. 따라서 지금의 당연하고 물론인 생각이 다가오는 미래 상황에서도 여전히 유효한가를 끊임없이 따져보아야 한다.

학습은 하루하루 살아가는 일상 속에서 만들어가는 것이다. 그래서 배움과 익힘의 여정은 곧 한 사람이 살아가는 삶의 궤적과 같이하며 ‘지금 여기에서’ 보고 느끼고 깨달은 모든 것이 학습의 중요한 원천이 된다. 현장에 가야 현실을 만날 수 있고 현실과 대면해야 진실이 무엇인지를 깨달을 수 있다. 그리고 진실에 온몸을 부딪쳐야 학습은 비로소 진리로 승화·발전될 수 있는 것이다.

일상은 가장 중요한 학습의 무대이자 조건이다. ‘지금 여기서 오늘부터’ 늘 당연하다고 생각해서 아무런 문제의식 없이 대했던 주변의 작은 일상과 현상을 주의 깊게 살펴볼 필요가 있다. 옆에서 보고 뒤에서 보면서 관점의 전환을 시도할 때 예기치 않은 삶의 지혜가 숨어 있음을 발견하게 된다.

답은 가까운 곳에 존재한다. 오랜 기간 당연히 존재해온 당연의 세계 속에서 아무런 문제제기를 받지 않고 무럭무럭 자라온

'물론의 세계'에 질문의 칼을 들이대자. 그래야 비로소 '당연한 세계'와 물론 그렇다고 생각하는 사고의 틀을 깰 수 있다. 이처럼 학습은 당연을 당연하다고 생각하지 않고, 물론을 물론 그렇지 않을 수도 있다고 생각할 때 시작된다.

당연한 것들에 시비 걸기

자신의 조직에서 당연하게 실행되는 관행은 무엇이 있는가? 당신은 그것을 여전히 당연하다고 생각하는가? '당연'과 '물론'의 세계는 자연스럽게 조직문화로 자리 잡으며, 구성원들의 사고와 행동방식을 규제한다. 그러니 관성적으로 따르고 있는 조직문화에 시비를 걸어보자. 그리고 이것이 앞으로도 유효할지 함께 생각해보자.

지식은 책상이 아닌 경험에서 나온다

● ● ● ● 집 그리기와 집짓기

"오늘 수업시간에는 여러분이 살고 있는 집을 예쁘게 그려보세요."

초등학교 미술시간이었다. 선생님이 주제를 내주자 아이들이 하나둘 도화지에 예쁜 집을 그리기 시작했다. 빨갛고 노란, 파랗고 하얀 지붕과 넓은 정원이 딸린 커다란 이층 양옥부터 높은 아파트까지, 아이들은 저마다 제가 사는 집을 예쁘게 그리기 위해 열심히 크레파스로 색칠을 했다.

손에 크레파스를 묻혀 가며 열심히 그리는 아이들을 관찰하던 선생님의 눈에 한 아이가 눈에 띈 것은 그때였다.

'왜 자꾸 저 아이에게 눈길이 가는 걸까?'

선생님은 그 아이를 몇 분간 더 관찰한 끝에 한 가지 차이점을 발견할 수 있었다. 다른 아이들이 집을 지붕부터 큼지막하게 그리고 지붕 아래로 벽을 그리는데 반해, 유독 그 아이만 아랫부분부터 바닥과 벽을 그리고 지붕을 그리고 있었던 것이다.

"음, 너는 왜 다른 아이들처럼 지붕부터 집을 그리지 않니?"

선생님의 질문에 아이는 부끄러운 듯 얼굴이 발갛게 달아올랐다.

"우리 아빠는 목수시거든요. 아빠는 백층짜리 빌딩을 짓든, 초가집을 짓든 가장 중요한 것은 기초라고 하셨어요. 기초를 잘 다져야 집이 무너지지 않는대요. 그리고 집은 아랫부분부터 지어 올라가는 것이지 윗부분부터 짓는 법은 없잖아요."

선생님은 막연한 상상이 아닌 지극히 현실적인 경험에서 나온 아이의 말에 아무 말도 할 수 없었다.

●　●　●

집 짓는 현장을 가보지 않았거나 실제로 집을 지어본 적이 없는 사람은 아무런 의문 없이 자연스럽게 집을 위에서 밑으로 그린다. 그러나 집짓는 광경을 유심히 바라보았거나 실제로 집을 짓는 과정에 참여해서 노동의 수고를 아는 사람은 다르다. 절대로 집을 위에서 밑으로 내려오면서 그리지 않는 것이다.[*] 집 그리기와 집짓기의 차이는 흔히 이론과 실천의 차이라고 한다. 그런데 이론은 추상적이고 실천은 구체적이라는 선입견으로 처음

---

[*] 《감옥으로부터의 사색》, 신영복 저, 돌베개, 1998

부터 아예 접목 자체를 시도하지 않는다.

그러나 사실 이론이 잉태된 장소는 바로 척박한 현실이다. 애매모호하고 불확실하며 조용하지만 역동적인 움직임이 늘 존재하는 우리가 살아가는 삶의 터에서 이론이 잉태되는 것이다. 하루하루 살아가는 평범한 삶을 이해하지 못하고 오히려 이런 삶을 왜곡하거나 희석시킬 경우 이론은 그야말로 이상한 논리들의 집결체가 되고 만다. 그리고 이 이상한 논리들은 주로 죽은 지식의 단편들을 긁어모아 현실과는 먼 고도의 추상적인 담론의 언어를 통해 만들어진다. 그래서 이론은 논리적으로는 맞으나 실제적으로는 호소력 있는 목소리를 제공하지 못하는, 즉 소위 "그것밖에 모르는" 전문가들만의 향연으로 끝나는 경우가 많다.

학습은 머릿속에 돌아다니는 정보조각들을 실천을 통하여 자기 것으로 체화(體化)시키는 활동이다. 집 짓는 방식대로 집을 그리는 교육이 이루어질 때, 그 교육을 받은 사람은 자연의 일부가 되는 집을 지을 수 있다. 이것이 바로 환경친화적인 건축이다. 집이 자연을 해치는 방식으로 만들어질 경우 집은 그저 건물(house)일 뿐, 함께 사는 사람들의 친화와 교감의 장소, 자연과 어우러지는 집(home)은 아닌 것이다.

학습 또한 그러하다. 교과서 지식을 얼마나 잘 암기했나를 중요시하는 교육은 아이들의 순수한 지적호기심을 오히려 더 감소

시킨다. 그보다는 아이들이 살아 숨 쉬는 현장에서 이루어지는 일들을 직접 보고 듣고 체험할 수 있도록 해주어야 한다. 즉 넓디넓은 들판에 나가 삼라만상의 조용한 흐름과 그 속에서 이루어지는 생존을 위한 치열한 전투를 직접 보게 해주어야 한다. 다양한 생물의 세계와 놀아볼 수 있는 기회가 많이 주어질수록 아이들의 감수성은 더욱 풍부해지고 세상을 향한 관심과 사랑도 생길 것이다. 바로 이런 학습이야말로 한 사람을 무한한 상상의 날개를 펼치며 한 시대의 흐름을 주도하는 열정과 비전을 지닌 인재로 재탄생시킬 것이다.

이론과 실천의 차이에서 배우기

'교과서지식'과 '실천지식' 간의 차이를 경험해본 적이 있는가? 진정한 이론은 실천하는 현장에서 나온다. 작은 경험이라도 현장에서 나만의 노하우를 만들어갈 때 비로소 살아 있는 지식이 된다. 오늘 업무를 통해서 무엇을 새롭게 배웠는가? 경험의 단순한 축적은 창조적 학습을 일으키지 못한다. 경험을 체화시키는 노력만이 창조적 지식을 창출할 수 있는 유일한 방법이다.

고정관념의 감옥에서 벗어나라

● ● ● ● 꿀벌의 최후

곤충학자가 꿀벌과 파리 한 마리를 잡아 병 속에 가둔 뒤 깜깜한 곳에 놓아두었다.

"앵앵. 여기가 어디지? 왜 이렇게 깜깜하고 갑갑한 거야? 출구가 어디야?"

파리가 정신없이 날아다니자 꿀벌이 뾰족한 침을 들이대며 타일렀다.

"정신없이 날아다니지 말고, 가만히 좀 있어봐!"

"너는 어떻게 가만히 있을 수가 있냐? 아이고 갑갑해!"

파리는 꿀벌의 말에도 좌충우돌 날아다니며 유리병에 부딪힐 뿐 출구를 못 찾고 부산을 떨었다.

잠시 뒤였다. 한쪽에서 환한 빛이 비춰 들었다.

"저것 보라고. 그렇게 열심히 날지 않아도 저 환하게 비추는 빛을 따라

가다 보면 분명히 출구가 보일 거야.”

그제야 가만히 앉아 있던 꿀벌이 파리를 비웃으며 빛을 향해 날아올랐다. 꿀벌은 빛이 있는 쪽으로 날아가는 본능이 있었던 것이다. 그러나 꿀벌은 아무리 발버둥을 쳐도 밖으로 빠져나올 수가 없었다. 빛이 비추는 쪽은 꽉 막힌 병의 밑바닥이었다.

“왜 이러지? 분명 빛이 드는 곳에 길이 있을 텐데…….”

꿀벌은 이상하다고 생각했지만, 자신이 가진 지식을 철썩 같이 믿고 끊임없이 빛을 향해 온몸을 부딪치고 또 부딪쳤다. 그러나 파리는 이리저리 날다 얼마 지나지 않아 병 밖으로 나갈 수 있었다. 병의 입구는 여전히 깜깜했지만 막아놓았던 입구를 곤충학자가 살짝 열어놓았던 것이다.

며칠이 지난 뒤였다. 파리가 우연히 병 근처를 지나다 병을 빠져나가지 못해 결국 죽어 나자빠진 꿀벌을 발견할 수 있었다. 파리는 앵앵거리며 말했다.

“저 녀석 혼자 잘난 체만 하더니 결국 죽고 말았군. 하여튼 꿀벌 녀석들은 만날 빛이 비추는 곳만 좋아한다니까, 쳇!”

● ● ●

꿀벌은 고정관념에서 벗어나지 못해 죽었고, 파리는 위기 상황에 대처하는 임기응변으로 탈출할 수 있었다. 사실 파리가 병 속을 탈출한 것은 꿀벌보다 머리가 좋아서가 아니다. 병 속을 이리저리 헤매다가 병의 입구를 우연히 발견해서 탈출한 것이다.

이처럼 위기 상황이 닥쳤을 때 이전의 사고방식만을 고수하면 그 상황을 극복할 수 없다.

아인슈타인은 현재의 문제를 해결하는 데에 기존의 사고방식으로는 한계가 있음을 강조하면서 "지식보다는 상상력이 더 중요하다"고 말했다. 이제는 갈수록 기존지식으로 새로운 것들을 해석하기 어려운 경우가 많아지고 있다. 때로는 기존지식이 세상을 새롭게 보는 눈을 방해하기도 한다. 이는 낡은 지식의 덫이 새로운 지식을 쌓아나가는 데 최대의 장애요인으로 작용하기 때문이다. 따라서 새로운 상황이나 위기 상황에 직면하면, 우선 자신이 옳다고 생각해왔던 가치판단에 대한 신념에서 벗어나야 한다. 그리고 새로운 상상력을 동원해야 한다. 기존의 상식을 과감하게 벗어나는 상상력이야말로 창조적인 지식을 구축하는 출발점이자 지름길이라 할 수 있다. 그런 의미에서 상상력의 한계는 곧 창조의 한계이며, 더 나아가 우리 미래의 한계라고 해도 과언이 아니다.

학습 역시 이전의 고정관념을 파괴하고 새로운 패러다임을 추구하는 여정이다. 심리학적으로는 멘탈모델(mental model)이라고도 한다. 이제까지 자신이 옳다고 생각해왔던 신념과 가치관이 상황을 해석하고 세상을 바라보는 눈을 결정한다. 학습은 이러한 기존의 사고방식을 바꿔줌으로써 변화하는 환경을 새롭게 해석하는 눈을 만들어준다.

세상을 바라보는 안목과 식견은 자신의 경험을 통해 형성된 패러다임에 따라 결정된다. 동일한 사물과 현상도 각자 다르게 의미를 부여하고 해석하면서 자기 고유의 신념체계를 만들어나가는 것이다. 그리고 그 속에서 개발한 자신만의 논리체계를 언어로 표현하면 우리는 그 언어를 '사고의 집'이라고 부르는 것이다. 따라서 학습을 통해 낡은 사고의 집에서 빠져나와 다른 언어를 사용하여 다른 방식으로 세계를 바라보는 연습을 끊임없이 시도해야 한다. 그래야 고정관념이라는 감옥에서 벗어나 새로운 자신만의 언어와 사고방식을 발전시켜갈 수 있다.

의도적으로 낯설게 하기

오늘은 늘 가던 길로 가지 말고 다른 길로 가보자. 지하철을 타고 다녔다면 버스를 타보고 버스를 타고 다녔다면 택시를 타보자. 익숙했던 환경을 낯설게 하면서 그동안 놓쳐버린 부분이 무엇인지 생각해보자. 사는 대로 생각하고 생각하는 대로 살아간다고 한다. 익숙해져서 생각 없이 무의식적으로 따라가던 일상을 의도적으로 낯설게 하면서 새로운 지적 자극을 받아보자.

상상력은 '생각의 비빔밥'에서 나온다

● ● ● ● **여우의 발길질**

뜨거운 뙤약볕이 쨍쨍 내리쬐는 여름날, 여우 한 마리가 샘물을 찾아 이리저리 헤매고 있었다. 몹시 갈증이 나 열심히 주위를 살펴보던 여우의 눈에 과수원이 보인 것은 그때였다. 과수원에는 포도들이 탐스럽게 영글어 있었다.

"우와, 포도가 제대로 익었겠는걸."

달콤한 포도로 목을 축일 수 있다는 생각에 여우는 신이 나서 포도나무를 향해 달려갔다. 그런데 막상 도착해 보니, 포도가 너무 높이 매달려 있는 것이 아닌가. 가장 낮은 곳에 매달린 포도를 향해 힘껏 뛰어봤지만 번번이 간발의 차이로 포도를 따 먹을 수가 없었다.

"이놈의 포도는 왜 이렇게 높이 달려 있는 거야!"

여우는 투덜거리다가 지난번 죽을 뻔했던 일이 기억이 났다. 아직도 뒷

다리 왼쪽 발목엔 상처가 있었고 그때 생각을 하는 것만으로도 오금이 저려왔다.

며칠 전 여우는 집에 가는 길에 맛있는 먹이가 달려 있는 나무를 발견했다. 이게 웬 떡인가 싶어 덥석 물자 '챙' 하는 소리와 함께 덫에 걸리고 말았다. 아무리 벗어나려 발버둥 쳐도 덫은 다리에 더 깊숙이 박힐 뿐이었다. 그때 저벅저벅 사람 발자국 소리가 들렸다. 여우는 '이제 나는 죽었구나' 라는 생각에 몸이 벌벌 떨렸다. 하지만 다가온 발자국의 주인은 오히려 여우를 가엾게 여겨 덫을 풀어주려고 했다. 하지만 쉽게 덫은 풀리지 않았고 한참을 궁리한 끝에 나무꾼은 옆에 있던 나뭇가지를 이용해 덫을 풀어주었다.

여우는 그때 나무꾼이 그랬던 것처럼 자신도 무언가 도구를 이용해보기로 했다. 하지만 입에 문 나뭇가지는 포도나무까지 닿지 않았다. 그때 발밑에 있던 돌멩이가 눈에 띄었다. 그리고 포도나무를 향해 툭, 발로 돌멩이를 찼다. 그러자 포도알갱이가 후두둑 떨어졌다. 땅으로 떨어진 포도알갱이를 한참 동안 멀뚱히 쳐다보던 여우는 이윽고 폴짝폴짝 뛰며 환호성을 지르기 시작했다.

"아하, 그렇게 하면 되는 거였어! 꼭 나뭇가지가 아니어도 됐던 거야."

여우는 이윽고 밭에 널린 작은 돌멩이를 걷어차 포도송이를 맞히기 시작했다. 탐스러운 포도알갱이들이 와르르 떨어지기 시작했다.

"하하하, 대체 어떤 녀석이 우리 여우가 멍청하다고 비웃는 거야?"

여우는 배가 터질 때까지 포도를 마음껏 먹을 수 있었다.

최근의 사회변화 트렌드를 '퓨전'이나 '하이브리드(잡종)'라는 말로 표현하기도 한다. 이런 퓨전이나 하이브리드적 감수성은 창의력을 발동시키는 원동력으로서 그 의미가 더욱 중요해지고 있다. 흔히 창의력하면 머리 좋은 사람들이나 발휘하는 능력이라고 생각하기 쉽다. 하지만 창의력의 문제는 상상력이 전제되지 않으면 나오기 어려운 능력이다.

상상력은 논리적 사고가 추락한 바로 그 지점에서 일어난다. 모든 것을 논리적 잣대로 분석하고 설명하며 이해시키려는 노력에는 상상력의 꽃이 피기 어렵다. 오히려 상상력은 기존의 틀을 과감히 벗어나 전혀 다른 발상의 생각을 시도하면서 어느 순간 불현듯 떠오른다. 따라서 상상력도 분명한 목적의식과 집요한 탐구정신이 합쳐져서 이루어진 융복합적 사고의 기반이라 할 수 있다.

이러한 상상력이 만들어낸 아이디어는 우리의 일상생활 속에서도 쉽게 발견할 수 있다. 비록 별것 없어 보이지만 두 가지 이상의 아이디어가 융복합되면서 생각지도 못한 새로운 아이디어가 나오기도 하는데 이를 이연연상법(二連聯想法)이라고 한다. 이런 새로운 아이디어는 획기적인 상품 개발로 이어지기도 한다. 가령 우리 고유의 음식인 비빔밥은 다양한 음식재료를 섞고 비비면서 전혀 새로운 독창적인 맛을 이끌어낸다. 또한 기존 제품과 서비스를 응용해서도 얼마든지 새로운 상품가치를 창출할 수 있다. 예를 들어 '비타 500'은 기존의 비타민 제품과 물을 섞어서 탄생시킨 히트 상품이며, 필자의 책《아나다지다》[*]에서 소개한 'AnaDigi'(아나디지)라는 개념 역시 'analog'와 'digital'을 융복합시켜 만든 새로운 트렌드 관련 용어다. 이처럼 연결과 접합, 비교와 대조, 포섭과 수용을 통해 융복합된 두 가지 이상의 아이디어에서 얼마든지 새로운 관계성을 찾아낼 수 있다.

학습도 융복합 과정이 그대로 적용된다. 먼저 기존의 멘탈모델(mental model)이나 패러다임을 결정하는 가정을 그대로 유지하고 피상적인 변화만을 일으키는 일차원적 학습이 있다. 그런데 이런 일차원적 학습과정에서는 융복합 과정이 거의 일어나지 않는다. 다만 객관적인 현상이나 사실적인 정보를 단순히 물리적으로 연결하면서 얻는 단편적인 지식만이 학습으로 간주된다.

반면에 기존 패러다임의 가정을 뒤집어 근원적인 변화를 일으키는 이차원적 학습도 있다. 이 과정에서는 근본적 가정을 문제시하면서 생각의 뿌리까지 흔드는 창조적인 파괴가 일어난다. 그 짧은 흔들림의 순간은 당연시 되어왔던 기본 가정을 송두리

---

[*] 《아나디지다》, 유영만 저, 한언, 2002

째 뒤집으면서 지적 혼란의 시간을 겪게 하지만, 이내 평정을 찾아 또 다른 학습여정의 기반이 되기도 한다. 따라서 이차원적 학습이란 불굴의 의지로 떨어지는 바윗돌을 다시 언덕 위까지 끌어올리는 시지프처럼 '계속 이어지는 학습'이라고 할 수 있다.

서로 다른 아이디어 뒤섞어보기

서로 관계없다고 생각하는 것을 연결시켜 새로운 관계를 만들어보자. 따로 떨어져 독립적으로 존재하는 것은 아무것도 없다. 주변에서 전혀 이질적인 것 두 가지 이상을 연결시켜서 이제까지 존재하지 않은 새로운 제품과 서비스를 만들어낸 사례를 찾아보자. 이 사례로부터 배울 수 있는 교훈이 무엇인지를 생각해보고 스스로도 한번 시도해보자.

시행착오 속에서 참된 지식이 나온다

● ● ● ● **옆으로 자라는 질경이**

어느 이른 봄날, 길가에 납작 엎드려 있던 질경이는 작은 꽃씨가 날아와 살포시 내려앉는 것을 보았다. 이후 봄비가 내리고 따스한 햇볕이 내리쬐기를 며칠. 꽃씨가 내려앉은 자리에 새싹이 솟아오르더니 곧 가늘고 긴 목을 하늘을 향해 쑥쑥 내밀었다. 그리고 이윽고 꽃망울에서 노란색 아름다운 꽃잎이 활짝 열렸다. 꽃은 화사한 얼굴로 바람에 따라 이것저곳을 둘러보더니 한숨을 폭 내쉬었다.

"휴, 하필 이런 지저분한 길바닥에 자리를 잡을 게 뭐람!"

노란 꽃잎을 살랑살랑 흔들며 투덜거렸다.

하지만 곧 꽃은 옆에 난 못생기고 투박한 질경이를 보고 위안을 받았다. 질경이에 비해 황홀할 만큼 아름다운 자신이 너무나 자랑스러웠다.

"너는 왜 더러운 땅바닥에 납작 엎드려 있는 거지? 정말 지저분해서 못

봐주겠다.”

아름다운 꽃이 말하자 질경이가 멋쩍게 씩 웃으며 말했다.

“거기에는 다 그만한 이유가 있어. 너처럼 아름다운 꽃은 결코 알 수 없는…….”

질경이는 처음 길가에 자리를 잡던 때를 떠올렸다.

처음에도 질경이는 파란 하늘을 향해 목을 길게 내밀었다. 조금이나마 따뜻한 햇볕을 더 받고, 하늘에 가까이 다가가고 싶었기 때문이었다. 하지만 질경이가 하늘로 목을 빼면 뺄수록 사람들의 손길에 때론 동물들의 혀에 댕강댕강 잘리고 말았다.

“대체 난 언제 하늘에 닿을 수 있단 말인가!”

하지만 질경이는 한두 번 아니 수많은 시행착오 끝에 자신은 결코 하늘에 닿을 수 없으리라는 걸 알게 되었다. 자신이 자리 잡은 곳은 그러기엔 너무나 험난한 곳이기 때문이었다. 그리고 땅바닥에 납작하게 엎드리는 게 하늘을 향해 목을 길게 빼는 것보다 사람들이나 소의 발길을 피하기에 낫다는 것을 알게 되었다. 그러면서 자신을 밟고 지나가는 사람들의 신발이나 소의 발 덕분에 자신이 곱게 키운 씨앗을 멀리멀리 퍼뜨릴 수 있다는 것도 알게 되었다.

그 뒤로 질경이는 아름다운 나비와 벌뿐 아니라 자신을 밟고 지나가는 사람들의 구둣발이나 들짐승의 발바닥에 씨앗을 나눠주었다.

“딱딱한 발에 밟혀 아프고 힘들지만, 내가 상상할 수 없는 먼 곳까지 퍼져나간다고 생각하면 하나도 아프지 않아. 게다가 항상 밟히고 채인 덕분에 홍수가 와도 살아남을 수 있는 강한 뿌리를 갖게 되었거든. 이제는 웬

만한 고통에는 꿈쩍도 안 해.”

하늘을 향해 높은 곳을 향하는 것보다 바닥에 가깝게 몸을 낮추게 되었다는 질경이의 말에 꽃은 코웃음을 쳤다.

“그래, 넌 내가 보기엔 못생겨서 그런 것 같은데. 아무리 네가 그런 말을 해도 난 너처럼 살 수 없어. 이렇게 연하고 아름다운 내 꽃잎이 바닥에 닿으면 더러워지고 찢어지고 말거야.”

질경이는 꽃을 보며 쓴웃음을 지을 뿐 더 이상 아무 말도 할 수가 없었다. 둘의 대화가 멈춘 후 침묵이 흘렀다. 그리고 따사로운 햇볕이 자취를 감추고 곧 어둠이 밀려왔다. 들로 일을 나갔던 사람들이 집으로 돌아갈 채비를 했다.

그리고 사람들은 소를 이끌고 질경이와 꽃이 있는 길을 지나갔다.

지나간 길에는 노란 꽃잎이 소의 발에 짓밟혀 뭉개지고 말았고, 꽃은 허리가 꺾여 다시 일어나지 못했다.

●　●　●　●

질경이의 학명인 ‘plantago’에는 원래 ‘발바닥으로 운반한다’는 뜻이 담겨 있다. 실제로 질경이 종자는 물에 젖으면 젤리 상태의 점액이 나와 구두나 동물의 발에 착 달라붙게 되어 있다. 그래서 질경이는 주로 사람과 동물이 많이 지나다니는 길바닥에서 옆으로 자란다. 지나다니는 사람들의 발에 짓밟히고 눌리면서 더욱 강한 내성을 갖게 된 것이다. 이처럼 위로 높이 자라지

않고 옆으로 자라는 모습에서 밟히는 것을 역이용하는 질경이의
생존전략을 엿볼 수 있다. 즉 '짓밟히는 것'을 단순히 참고 견뎌
내는 것이 아니라 적극적으로 활용하는 것이다.

지식도 다양한 상황 속에서 수없는 시행착오와 실패를 거치면
서 만들어진다. 그 체험들을 체계화하고 구조화시켜서 탄생하는
것이 참된 지식이다. 따라서 학습자는 다양한 정보를 다양한 방
식으로 조직화시켜서 다양한 상황에 수없이 적용하는 체험의 과
정을 통하여 비로소 자신만의 지식을 창조할 수 있다.

그렇다면 지식이 탄생하는 과정에서 정보의 무게와 짓눌림의
역할은 무엇일까? 우선 많이 짓눌린 정보일수록 갖가지 사연이
담겨져 있을 것이다. 그리고 그 속에서 상황적 특수성이 지니는
수없이 많은 독특한 의미를 반영하게 된다. 이렇게 탄생한 지식
의 무게는 디지털 네트워크에서 부표하는 정보를 통해서 탄생하
는 지식의 무게와는 비교할 수 없을 정도로 무겁고 진지하다.
따라서 지식의 무게가 가볍다는 얘기는 그만큼 짓밟히지 않은
상태에서 쉽게 탄생한 지식이라는 의미가 된다. 그 지식이 담고
있는 내성의 강도도 약할 뿐만 아니라, 다양한 상황적 특수성에
적응한 흔적을 반영하지 못한다. 이처럼 디지털 네트워크상에
부표하는 정보는 충분한 시행착오 없이 많은 사람들의 클릭을
통해 손쉽게 이루어질 뿐이다.

이렇게 클릭당한 정보는 클릭한 주체의 문제의식과 지적 호기심의 수준에 따라 가벼운 정보로 그칠 수도 있고 다른 사이트로 순식간에 날아갈 수도 있다. 그러나 클릭당한 정보가 문제 상황에 적용되어 통찰력을 주거나 아이디어의 씨앗으로 활용된다면 이 과정에서 정보는 여러 번의 짓눌리고 밟히는 과정을 거치게 된다. 성김의 정도가 듬성듬성했던 정보가 정보 활용 주체의 지적 고뇌와 문제의식으로 더욱 짜임새 있게 구조화·체계화되는 것이다. 이로써 이 정보는 어딘가에 천착하지 못하고 가볍게 부표하던 정보와는 비교도 안 될 만큼 단단한 지식으로 탄생하게 된다. 즉 짓눌리고 밟힐수록 정보의 내성은 강해지고 상황적응력이 높아지면서 가볍게 부표하는 정보에서 환골탈퇴하는 것이다.

그렇다면 지금 내 주변에 부표하는 정보를 얼마나 잘 활용하고 있는가? 그 정보에 의미를 부여하고 적용하면서 자신이 처한 상황에 적용해보고 있는가? 또한 이 과정에서 흘러나오는 유의미한 시사점을 다시 반영하여 무거운 지식으로 탄생시키는 탐구 여정에 얼마나 몰입하고 있는가? 이 모든 고통과 진통의 과정 속에서 참된 지식의 깨달음을 얻게 될 것이다.

실수와 실패를 경험해보기

실수를 못하도록 막으면 오히려 더 큰 실패를 가져온다. 실수를 그저 실수로 내버려 두지 말고 성찰의 계기로 만들어보자. 그러면 앞으로 실패할 확률은 크게 줄어들 수 있다. 평소 잘 저지르는 실수들에서 배운 교훈은 무엇인가? 반복하는 실수들은 왜 그런가? 실수로부터 배우는 작은 교훈, 실패로부터 배우기 위해서 '실패보고서'를 작성해본다.

쓸모없는 지식은 과감히 버려라

개미 세계에서 가장 똑똑하기로 유명한 아인슈타인 개미를 취재하기 위해 〈개미뉴스〉의 베테랑 기자 개미가 집을 찾아갔다. 기자 개미는 아인슈타인 개미가 새롭게 정립한 다양한 이론들, 즉 개미집의 크기에 관한 상대적 이론 등을 취재한 뒤 일상생활에 대해 이것저것 물어보고, 실험실을 촬영하며 인터뷰를 마쳤다. 그러고는 집을 나서며 아인슈타인 개미에게 집 전화번호를 물었다. 그런데 아인슈타인 개미가 갑자기 주머니에서 작은 수첩을 꺼내 펼쳐드는 것이었다.

"가만, 우리 집 전화번호가 어떻게 되었지……."

수첩을 뒤적거리는 아인슈타인 개미의 행동에 깜짝 놀란 기자 개미가 물었다.

"선생님, 지금 댁 전화번호를 모르셔서 수첩을 뒤적이는 건 아니시죠?"

그로서는 개미 세계의 최고 석학이 고작 자신의 집 전화번호를 외우지 못하고 수첩에서 찾고 있는 것을 상상조차 할 수 없었다. 그러나 어이없는 표정을 짓고 있는 기자 개미에게 아인슈타인 개미는 태연하게 대답했다.

"적어두면 쉽게 찾을 수 있는 걸 왜 힘들게 기억합니까? 나는 사소한 것은 기록하고 잊어버리는 것이 낫다고 생각합니다. 그렇게 두뇌를 비워놔야 빈 공간에 창의적인 생각을 채우고 좀 더 효율적으로 쓸 것 아닙니까? 이런 습관 덕분에 개미집의 상대적 이론도 생각해낼 수 있었지요."

아인슈타인 개미의 반문에 바보가 된 기자 개미는 고개를 끄덕일 수밖에 없었다.

●　●　●

평생학습을 위해서는 요람에서 무덤까지 배우고 익히는 과정이 평생 동반되어야 한다. 늘 배우는 자세를 지니지 않는다면 일상적 삶은 물론, 해당 전문분야에서 필요로 하는 지식과 스킬을 습득하지 못할 것이다. 특히 사회변화 속도가 가속화되면서 학습을 통해서 습득한 지식의 생명력이 점점 짧아지고 있는 요즘, 평생학습의 필요성과 중요성은 그 어느 때보다 강조되고 있다. 학습(learning)은 부족한 지식과 스킬을 습득하여 주어진 문제 상황이나 미래의 전략적 기회를 포착, 사전에 효과적인 대응전략을 준비하는 과정이라고 볼 수 있다. 이런 경우 학습은 채움과 쟁취, 습득과 소유의 개념을 강조하게 된다. 그런데 이보다 더 중요한 것은 소위 망각학습 또는 폐기처분 학습(unlearning)을 통해 기존의 고정관념이나 관습적 사고를 창조적으로 파괴하는 일이다. 이런 의미에서 학습은 채움보다는 비움을, 습득보다는 버림을 강조하게 된다. 즉 비움과 버림을 통해 새로운 관점 형성을 촉진시키려는 의도라고 볼 수 있다.

인간의 욕망은 무한하다. 지금 갖고 있는 것보다 더 편리하고 더 좋은 것, 더 매력적인 것들을 계속 욕망한다. 욕망은 궤도를 이탈하지 않고 무한궤도를 지속적으로 회전한다. 처음 출발한 시점에서 가졌던 욕망은 또 다른 욕망의 끈에 물려 열차를 계속 갈아탄다. 욕망이라는 이름의 열차는 쉼이 없다. 그래서 비움의 미덕은 욕망의 덫에 걸려 빠져나오지 못하는 경우가 많다.

지적 욕망 역시 그러하다. 미지의 대상에 대한 지적 호기심이 강하면 강할수록 탐구여정에 대한 몰입도 그만큼 강해진다. 그러나 일정 시점이 되면 욕망의 대열에서 이탈하여 무엇을 위해서, 왜 달려가고 있는지를 점검해볼 필요가 있다. 멈춤의 여유가 달림의 의미를 반추하게 해주며, 버림의 미덕이 채움의 지혜를 가져오기 때문이다.

최근 앨빈 토플러는 《부의 미래*Revolutionary Wealth*》라는 책에서 불필요한(obsolete) 지식(knowledge)을 의미하는 'obsoledge' (obsolete+knowledge)라는 새로운 개념을 제시하며 앞으로 미래 사회는 기존의 지식이 급속도로 불필요하고 무용해질 것이라고 주장했다. 이는 무용지식이 많으면 많을수록 새로운 지식을 근간으로 하는 창조적 상상력이 발휘되기 어렵다는 말로 해석해볼 수 있다. 즉 새로운 지식을 학습하는 과정을 촉진하기 위해서는 역설적이게도 기존 지식을 창조적으로 폐기처분하는 망각학습이 보다 중요하다는 것이다. 이처럼 현대에는 고정관념의 창조적 파괴를 지향하는 망각학습이 새로운 화두로 부각되고 있다.

찰스 리드비터 역시 《무게 없는 사회*The Weightless Society*》라는 책에서 '무지경제'(the ignorant economy)라는 신조어를 들어 설명했다. 즉 기술발전이 가속화 될수록 지식이 폭증하게 되는데, 이러한 시대에는 지식을 직접 가공하지 않고 타인의 지식에 의존하는 성향이 심화되면서 이른 바 무지경제가 도래한다는 것이다. 알고 있다고 믿는 지식 때문에 과감하게 도전하지 않고 섣불리 의사결정을 하지 않거나 지연시킴으로써 수많은 기회를 상실하고 있다는 것이다. 그러므로 과거의 학습결과를 창조적으로 파괴하는 일이 더욱 시급해진다. 그렇게 해야 딜레마적 문제 상황을 탈출할 수 있기 때문이다.

디지털 지식기반 사회가 가속화될수록 정보와 지식은 폭증하게 되는데, 이런 시대일수록 정보에 치중하기보다는 정확한 이해와 통찰력을 갖는 자세가 중요하다. 평생학습을 통해 정보에 담긴 사회역사적 의미망을 이해하고 이를 근간으로 과거-현재-미래를 투시할 수 있는 통찰력과 혜안을 길러야 한다. 또한 새로운 지식의 학습과 함께 기존 지식의 창조적 파괴를 통해 새로운 관점을 갖게 하는 망각학습도 동시에 필요하다. 새로운 사회가 요구하는 패러다임의 전환에 따라 '생각의 물구나무 서기'를 시도해야 하는 것이다.

《무소유》를 쓴 법정 스님은 사심과 물욕의 허망함을 나무에 빗대어 설명한다. 풍성한 열매를 맺는 나무도 겨울이 오면 낙엽까지 훌훌 벗어 자연에 돌려주고 나목으로 한겨울을 견뎌내면서 희망의 새봄을 맞이한다. 버리지 않으면 새봄의 희망을 잉태할 수 없기 때문이다. 학습도 채움에 앞서 버림을 실천할 때, 무엇인가를 바라기 이전에 고정관념의 끈을 버릴 때 비로소 전진해갈 수 있다.

비우면서 배우기

새로운 지식을 습득하는 것도 중요하지만, 그전에 자신의 가치관을 지배하고 있는 고정관념을 버리는 것이 우선이다. 최근의 의사결정 중에서 기존 지식이 올바른 의사결정에 도움이 되었는지, 아니면 새로운 시도를 방해했는지를 면밀히 점검해본다.

지식은 휴식을 통해 익어간다

● ● ● ○ **개미와 베짱이**

"영차, 영차."

일개미가 머리에 제 몸보다 훨씬 큰 먹이를 인 채 집을 향해 가고 있었다. 그러나 먹음직스런 먹이를 구해 신이 났던 개미는 발밑을 조심하지 못하고 움푹 파인 구덩이에 빠지고 말았다.

"아이쿠. 개미 허리 끊어질 뻔했네!"

구덩이 속으로 나동그라진 개미는 얼른 일어나 다시 먹이를 짊어지고는 구덩이를 올라가기 시작했다. 그런데 이상한 일이었다. 가파르기는 했지만 올라가지 못할 경사가 아닌데도 제자리걸음만 계속하는 것이 아닌가. 개미는 안간힘을 썼지만 위로 올라가려고 하면 할수록 몸은 밑으로 떨어져 내렸다.

"왜, 왜 이러지?"

개미가 당황하고 있을 때였다. 베짱이 한 마리가 구덩이 근처를 지나다 어려움에 빠진 개미를 보았다.

"어이, 개미 양반. 내가 도와줄 테니 잠시만 기다리게."

베짱이는 얼른 풀숲에서 가느다란 꽃대롱을 꺾어와 구덩이 밑으로 내밀었다.

개미는 꽃대롱을 타고 올라오려고 했다. 그런데 여태껏 힘들게 가지고 온 먹이를 구덩이 속에 버리는 게 아까웠던 개미는 입으로 커다란 먹이를 물고 꽃대롱을 타기 시작했다. 그러나 먹이가 너무 커 개미는 번번이 꽃대롱에서 떨어지고 말았다.

"아깝지만 먹이는 포기하고, 몸만 빠져나와! 자네는 이 구덩이가 무언지도 모르는가?"

베짱이가 걱정스레 다그쳤지만 개미는 오히려 꽃대롱을 포기하고는 구덩이를 오르기 시작했다. 개미는 자신의 몸부림에 모래들이 스르르 흘러내리며 구덩이 밑에 움푹 파인 구멍을 건드리고 있다는 것을 까맣게 모르고 있었다. 그리고 구멍 속에서 개미귀신이라고 불리는 명주잠자리 유충이 모습을 드러냈다는 사실도……. 구덩이는 바로 개미지옥이었던 것이다. 개미의 몸부림에 깨어난 개미귀신은 나타나자마자 개미를 큰 턱으로 꽉 잡아버렸다.

"사, 살려주세요!"

개미가 사력을 다해 발버둥을 쳤지만 어느새 그의 모습은 구멍 속으로 사라져버렸다. 베짱이는 한숨을 내쉬며 말했다.

"일밖에 할 줄 모르는 어리석은 개미 녀석 같으니라고……. 그러기에 나처럼 쉬면서 이곳저곳을 둘러볼 줄 알면 이런 위험에도 안 빠지잖아."

개미는 평생을 일만 하며 살았다. 아침에 일어나서 저녁에 잘 때까지 정말 열심히 일만 했다. 왜 일을 하는지 그 이유는 새까맣게 잊은 채 주위에 무슨 일이 벌어지는 줄도 모르고 일하고 또 일할 뿐이었다. 그의 주위에 한번 빠져들면 헤어 나오지 못하는 개미지옥이 있는 줄도 모르고……

한자 休(쉴 휴)는 사람〔人〕이 나무〔木〕에 기대어 있는 모습을 표현한 것이다. 따라서 휴식(休息)이라는 말은 사람이 나무에 기대어서 자기 스스로〔自〕 마음〔心〕을 간추려본다는 의미를 담고 있다. 즉 진정한 의미의 휴식은 바쁜 일상을 접고 어딘가에 머물러 쉬면서 흐트러진 마음을 가지런히 정리하는 것을 뜻한다.

지식은 휴식하는 시간 없이는 생성되지 않는다. 휴식은 지식 창조의 주체인 사람이 마음의 여유를 찾고 곰곰이 생각하는 정적인 활동이자, 또 다른 한편으로 보이지 않는 가운데 살아 숨 쉬는 역동적인 활동이 이루어지는 시간이기도 하다. 휴식을 통해 지금까지 무조건 흡수한 다량의 정보 더미를 파헤치면서 그들 간의 관계를 따져보는 가운데 지식나무의 싹은 발아(發芽)하는 것이다.

성급한 성장만 있고 옹골찬 성숙이 없었던 여정으로 인해 우리는 자신도 모르게 성장의 효율이 가져다주는 단맛에 중독되어 있는지도 모른다. 또한 성장엔진에 무임승차하여 성숙엔진을 돌리려는 의지를 상실했을 뿐만 아니라, 성숙엔진 가동에 따른 고통의 감수를 습관적으로 회피하고 있는지도 모른다.

풍족하고 안전한 양어장에서 치어 때부터 자란 덩치 큰 광어는 바다의 사나운 파도가 주는 고통을 모른다. 반면 넓고 험한 바다에서 자신을 잡아먹으려는 수많은 천적들을 물리치고 자란 도다리는 더디게 자라 몸집은 작지만 그 수많은 위기들을 통해 무서운 폭풍우가 오더라도 결코 당황하지 않고 슬기롭게 위험을 피할 수 있는 지혜를 배우게 된다. 마찬가지로 온갖 풍우와 장애요인을 이겨낸 작은 나무는 외면적으로는 보잘것없어 보일지 모르지만 내면적으로는 자신만의 성숙미를 간직하고 있다. 즉 사람들의 보살핌으로 목재로서의 우수한 평가를 받는 나무와는 비교할 수 없는 내면적 아름다움이 그 나무에게는 들어 있다. 바로 그 나무 '다움'이 있기에 '아름다움'이 발견되는 것이다.

지식이 휴식을 통해서 창조된다고 하지만 여기서 말하는 휴식은 광어처럼 고속성장 뒤에 찾는 육체적 피로회복을 위한 휴식이 아니다. 지식과 관계를 맺고 있는 휴식은 도다리처럼 일상에서의 치열한 몸부림 뒤에 찾아오는 달콤한 휴식이다. 지식은 편안하고 여유로운 휴식 속에서 아무런 산고의 고통과 아픔 없이 탄생하는 것이 아니다.

진정으로 자신에게 의미 있는 지식은 스스로 고민하고 있는 문제나 과제에 적용해보는 실천을 통해 비로소 탄생하는 것이다. 따라서 생각만으로 탄생하는 지식은 현실과 밀착성을 갖지 못하고 관념적 유희에 빠져 현실을 변혁시키는 힘을 상실할 수 있다. 실천력을 높이는 지식은 쉬는 것 같지만 집요하게 물고 늘어지면서 마지막까지 포기하지 않는 근성과 고뇌의 결과이다. 이러한 노력을 통해 실천해온 지식을 자기 내면화시키는 학습활동을 전개할 때 비로소 참된 지식이 만들어지는 것이다.

생각카페에서 휴식하기

빌게이츠는 일 년에 한 번 '생각주간(think week)'을 갖는다고 한다. 누구도 간섭하지 않는 자기만의 시간 속에서 창조적 아이디어를 구상한다. 우리도 주기적으로 생각카페를 만들어 자신을 되돌아보는 시간을 가져보자. 휴식은 도약을 위한 대나무의 마디와 같다. 마디 없이 대나무가 성장할 수 없듯이 휴식 없이 달리는 질주는 건강한 성장을 해친다.

지식의 뿌리를 견실히 가꿔라

● ● ● ● **잡초의 웃음**

오늘 하루도 서로서로 뿌리를 얽어 만든 잡초마을의 주민들이 옹기종기 모여 하루일과를 이야기하고 있었다. 그때 마을에서 가장 어린 잡초가 푸념을 늘어놓았다.

"왜 저는 이름이 없죠? 왜 저는 쓸모없는 잡초로 태어난 거죠?"

어린 잡초의 넋두리에 마을의 가장 연장자 잡초가 대답했다.

"어린 잡초야, 너는 잘못 생각하고 있단다. 보렴 우리는 세상 그 어떤 식물보다 끈질긴 생명력을 가지고 있잖니. 이 얼마나 자랑스러운 일이냐?"

늙은 잡초가 타일렀지만 어린 잡초는 콧방귀만 뀌었다.

"흥. 쓸데없는 주제에 목숨만 끈질기니 세상이 더 싫어하죠. 인간들은 아무짝에도 쓸모없는 천덕꾸러기라고 우리를 못 뽑아내서 안달이잖아요."

어린 잡초의 하소연에 늙은 잡초는 쓴웃음을 지을 수밖에 없었다. 그러나 늙은 잡초는 어린 잡초가 언젠가는 잡초의 쓰임이 얼마나 중요하다는 것을 깨달을 날이 오리라 믿었다. 그리고 그 기회는 오래 지나지 않아 찾아왔다.

숲속에 큰불이 났다. 숲에 기대 살아가던 동물들이 죄다 도망을 쳤다. 팔을 벌려도 다 껴안지 못할 만큼 덩치를 자랑하던 나무들이 새까만 숯으로 변했다. 저마다 아름다움을 뽐내던 꽃들과 풀들이 뿌리 끝까지 죄다 타 들어갔다. 며칠 뒤 불이 꺼진 숲은 그야말로 아무것도 남은 게 없는 불모지로 변하고 말았다.

"이곳은 이제 더 이상 생명이 자랄 수 없는 땅이 됐어."

우연히 찾아온 생명들이 발걸음을 돌렸다. 그러나 하루 이틀이 흐르고 몇 달이 지나자 풀 한 포기 자라지 못할 것만 같던 황무지에 파란 싹이 돋아나기 시작했다. 깊고 성긴 뿌리 탓에 끝까지 살아남아 싹을 틔운 식물은 바로 이름도 없는 잡초들이었다.

"자, 우리가 얼른 무성하게 자라야 이 숲이 살아남을 수 있습니다."

땅속 깊이 뿌리를 내리고 있어 간신히 살아남은 잡초마을 주민들은 다시 땅 위로 나와 씨앗을 퍼뜨리기 시작했다. 그러자 떠났던 사슴이며, 토끼들 같은 초식동물들이 하나둘 다시 숲으로 찾아들었다. 그들의 기름진 분비물을 따라 말똥구리 같은 곤충들도 숲에 모습을 드러내기 시작했고, 곤충을 잡아먹기 위해 새들과 벌과 나비가 꽃씨들을 날개에 묻혀와 퍼뜨리기 시작했다. 그렇게 숲은 조금씩 예전의 모습을 되찾기 시작했다.

"이것 봐라. 아직도 우리 잡초들이 아무 쓸모가 없다고 얘기할 수 있겠니?"

“아뇨, 우리가 뿌리를 땅속에 튼튼히 내린 덕분에 다시 숲이 살아날 수 있었잖아요. 우리는 이 숲을 다시 태어나게 한 멋진 주인공이에요.”

“그렇고말고. 허허허.”

잡초들은 서로서로 부둥켜안고 멋진 웃음을 터뜨렸다.

＊＊＊

잡초의 지상부분(top)과 지하부분(root)의 비율을 ‘TR비’라고 한다. 따라서 ‘TR비’가 클수록 지상부분은 커지는데 이는 뿌리보다는 줄기와 가지, 그리고 잎의 비중이 더 크다는 것을 의미한다. 일반적으로 잡초의 생육상태는 지상으로 드러나 있는 줄기와 가지, 잎의 무성함과 뿌리의 깊이, 그리고 수평으로 얼마나 견실하게 퍼져 있느냐에 따라 판단할 수 있다. 이때 줄기와 가지, 잎의 무성함은 뿌리의 강건함에서 비롯된다. 그러므로 ‘TR비’가 작을수록 그 잡초는 뿌리가 깊어 비교적 건강하다고 판단할 수 있다. 하지만 ‘TR비’가 무한정 작을 경우에도 그 잡초의 생육은 원만하게 이루어질 수 없다. 지상으로 나온 부분에 비해 지하로 뻗은 뿌리의 비중이 상대적으로 높은 것이 좋지만, 그 비중은 잡초가 어떤 생태학적 조건하에서 자라고 있는지에 따라 얼마든지 달라지기 때문이다.

이를 명시지(explicit knowledge)와 암묵지(tacit knowledge) 비율에

적용하여 'ET비'를 생각해볼 수 있다. 즉 'ET비'가 크다는 말은 암묵지 대비 명시지 비중이 훨씬 많다는 의미다. 더 구체적으로 해석하면 조직 내에 깊숙이 스며들어 있어 보이지 않는 암묵적 지식은 별로 없고, 겉으로 드러난 명시적인 지식은 많음을 뜻한다. 이는 곧 남이 만들어놓은 명시적 지식은 많이 공유되고 있지만, 그러한 명시적 지식을 자신의 암묵적 지식으로 창조해서 축적하는 경우는 별로 없다는 뜻이다.

또한 'TR비'가 높다는 것은 생태학적으로 볼 때 뿌리가 부실한 상태에서 줄기와 가지, 그리고 잎이 무성하다는 의미로도 해석할 수 있다. 이때 잡초는 일정 시간 동안 무성한 잡초로서의 역할을 하겠지만 시간이 지나면서 생육을 계속하지 못하고 성장을 멈추게 될 것이다. 결국 뿌리의 견실함은 잡초의 지속적인 생육을 위한 필수조건임을 알 수 있다. 조직도 마찬가지이다. 암묵지에 비해 명시지 비중이 현격하게 높으면 업무 현장이나 특정 비즈니스 상황에서 실천적인 변화를 도와주는 암묵적 지식을 창출하기 어렵게 된다.

잡초는 뿌리가 어느 정도 성장한 후에야 줄기와 잎을 왕성하게 뻗어 나간다. 이처럼 뿌리를 먼저 내려 튼튼하게 자리를 잡은 다음, 줄기와 잎을 뻗어 나가게 하는 전략은 잡초를 비롯한 모든 식물의 본능적인 생육전략이다. 기반을 잘 닦아놓은 상태에서 'TR

비’가 높아져야 결과적으로 해당 식물은 무럭무럭 잘 자랄 수 있는 것이다.

지식 창출 및 소비 사이클도 마찬가지이다. 지식나무의 뿌리가 견실하게 뻗은 다음 줄기와 잎, 나아가 꽃을 피워야 한다. 만일 그렇지 못한 상태에서 나무의 지상부에만 많은 에너지를 투입하게 되면 튼실하지 못한 상태로 자라다가 고사하는 경우가 많다. 잡초는 바람직하지 못한 ‘TR비’를 미리 감지하여 이에 대한 적절한 조치를 시의적절하게 취하고 있다. 그래서 일단 세상에 나온 잡초는 모두 꽃을 피우고 종자를 남기면서 세상을 마감한다.

지식나무의 뿌리를 암묵지라고 한다면 지식나무의 줄기와 잎은 명시지에 해당한다. 명시적 지식은 암묵적 지식을 기반으로 탄생한다. 대부분의 식물들이 뿌리로부터 흡수한 물과 영양분을 근간으로 줄기와 잎을 튼실하게 만드는 것과 같다. 또한 명시적 지식의 광합성을 통한 영양분을 기반으로 더욱 발전된 암묵지를 만들어낼 수 있다. 이 튼튼한 뿌리인 암묵지는 다시 명시지에 작용하여 지식 조직의 성장과 발전에 필수적인 영양분을 공급해준다.

이처럼 특정 조직이 얼마나 지속적으로 성장과 발전을 거듭하느냐는 전적으로 그 조직이 얼마나 많은 ‘암묵적 지식’을 보유하고 있느냐에 따라 달라진다. 또한 이 지식이 조직 안으로 깊숙이 뻗어 나갈 수 있는 환경적 조건과 기반을 어느 정도 마련하고 있느냐에 따라 달라질 수 있다. 잡초가 'TR비'를 일정하게 유지시켜가면서 생육을 계속 해나가는 것처럼 조직도 'ET비'를 일정하게 유지시켜 지식창출-공유-활용의 선순환적 사이클을 반복적으로 돌려야 한다. 명시적인 지식이 활발하게 공유되기 위해서는 눈에 보이는 부분을 통제하는 암묵적 지식의 양과 질적 수준을 향상시키는 노력을 전개해야 하는 것이다.

요즘 '지식경영'이라는 이름으로 기업에서 추진하고 있는 지식창출 및 공유촉진과 지원전략의 'ET비'는 매우 높다고 볼 수 있다. 이런 현상은 대부분의 기업에서 암묵적 지식보다는 명시적 지식의 창출과 공유를 촉진하고 지원하는 데만 중점을 두고 있기 때문이다. 다시 말해 지식경영을 추진하면서 지식창출 및 공유의 주체인 사람이 중앙에서 주변부로 밀려나고 그 중심에 기술이 자리 잡고 있는 것이다. 하지만 기술은 명시적 지식을 가공, 처리, 유통시키는 효율적인 수단은 될 수 있지만 암묵적 지식과 결부될 때에는 비효과적인 수단으로 전락하고 만다. 왜냐하면 지식은 본래 지식을 소유하고 있는 사람과 분리시켜서 생각할 수 없기 때문이다. 따라서 특정 지식을 창출하고 공유하기 위해서는 그 지식을 보유하고 있는 사람과 직접적인 소통을 통해 이루어져야 한다. 바로 이것이 지식경영의 올바른 모습이다.

나만의 지식이력서를 써보기

최근 수집한 자료(data)를 정보(information)로, 다시 정보를 지식(knowledge)으로, 그리고 다시 지식을 지혜(wisdom)로 바꿔본 적이 있는가? 아니면 누구나 쉽게 따라하는 명시적 지식을 습득하는 데 급급했는가? 궁극적으로 '암묵적 지식'과 '명시적 지식'이 모두 필요하지만 개인의 독창적인 콘텐트는 바로 암묵적 지식에서 창출된다. 따라서 자신의 경쟁력은 자신의 암묵적 지식의 질적 수준에 따라 결정된다. 자신의 암묵적 지식은 어떤 수준인지 정기적으로 '지식이력서'를 작성해보자.

Chapter 3

최강의 조직을 **만드는** 학습의 힘

Learning **Power 3**

빨리 가는 것보다 정확한 길로 가라

●●●● 앞만 보고 달리는 스프링복

잡아먹고 잡아먹히는 약육강식의 세계가 끊임없이 되풀이되는 남아프리카 초원에서 스프링복(Springbok, 영양) 가족이 유유히 풀을 뜯고 있었다. 아빠 스프링복이 발굽을 모아 펄쩍펄쩍 뛰며 늠름한 자태를 자랑하고, 엄마 스프링복은 새끼 스프링복에게 맛있는 풀을 고르는 법을 열심히 가르치고 있었다.

"그 질경이는 너무 써서 맛이 없단다."

태어난 지 얼마 안 된 총명한 새끼 스프링복은 엄마의 가르침을 하나라도 더 배우려고 노력했다. 그것이 목숨을 구하는 지름길이라는 것을 본능적으로 알고 있었던 것이다.

"어, 엄마. 땅이 마구 요동을 쳐요!"

맛있는 풀을 고르던 새끼 스프링복은 갑자기 땅이 들들들 떨리자 깜짝 놀랐다. 아빠와 엄마는 귀를 쫑긋 세우고 저 멀리 평원이 끝나는 지평선을 바라보았다. 자욱한 먼지가 피어오르고 있었다.

"허허. 친구들이구나. 수가 제법 되는데!"

아빠의 말처럼 금세 엄청난 스프링복 무리가 달려오고 있었다. 스프링복은 많게는 수천 수만 마리의 거대한 무리를 지어 달리는 습성이 있었다. 이내 초원을 달려온 어마어마한 규모의 스프링복 무리가 그들 곁을 스쳐 지나갔다. 그리고 갑자기 아빠와 엄마가 그들과 함께 달리기 시작하는 것이었다. 새끼 스프링복은 영문도 모른 채 뒤쫓아 달리기 시작했다.

"헉헉. 아빠, 우리는 왜 이렇게 열심히 달리는 거예요?"

새끼 스프링복이 뛰면서 묻자 아빠가 당연하다는 듯 말했다.

"그야, 다른 스프링복 친구들이 뛰니까 뛰지."

새끼 스프링복은 아빠의 말을 도무지 이해할 수가 없었다.

"그럼, 왜 달리는 건데요? 우리 뒤에는 무서운 사자도, 얄미운 하이에나도 쫓아오지 않잖아요. 우리 발밑 좀 봐요. 파릇파릇한 맛있는 풀들만 아깝게 우리 발굽에 밟혀 으깨지고 있어요."

새끼 스프링복은 아무 이유도 없이 뛰고 있는 스프링복 무리를 이해할 수가 없었다. 그러나 아빠는 고개를 절레절레 흔들 뿐이었다.

"나도 잘 모르겠구나. 암튼 어렸을 적부터 쭉 그랬으니까."

엄마와 아빠 스프링복은 그렇게 말하고 또 열심히 달리기만 할 뿐이었다. 아직 스프링복 무리의 습성을 아직 깨치지 못하고 무작정 달리던 새끼는 점점 지쳐갔다.

그때였다. 스프링복 무리 중 제일 앞쪽에서 큰 혼란이 일었다.

"저, 절벽이다! 머, 멈춰!"

하지만 뒤에서 밀려오는 무리와 빠르게 달리던 속도 때문에 갑자기 멈추는 건 불가능했다. 안타깝게도 스프링복들은 절벽 밑으로 떨어지고 말았다.

"아빠, 엄마!"

새끼 스프링복이 놀라 소리쳤지만, 멀찌감치 앞서 달리던 아빠와 엄마는 보이지 않았다.

"그러기에 왜 무턱대고 달리기만 했어요!"

새끼 스프링복의 구슬픈 울음소리가 초원 위로 낮게 깔리고 있었다.

＊ ● ●

원래 스프링복(영양)의 질주 본능은 풀을 뜯어 먹기 위한 경쟁에서 시작되었다. 그런데 그 본능이 우화에서처럼 애초의 목적을 상실한 채 앞으로만 달려 나가는 엉뚱한 질주로 바뀌게 된 것이다. 왜 이렇게 되었을까? 리더의 역할이란 관점에서 이 문제를 생각해보자.

한자 業(업)은 草(풀 초) + 羊(양 양) + 人(사람 인)이 합쳐져서 만들어진 글자다. 여기에서 풀은 드넓은 풀밭으로 '기업'이나 또는 기업들이 도달하고자 하는 최종목적지를 뜻한다고 생각할 수 있다. 그리고 '羊'은 개개인의 팀원을, '人'은 팀원을 시장이나 목적지까지 이끌고 가는 리더라고 가정해보자.

이런 관점에서 리더의 업(業)의 본질은 팀원을 올바른 방향으로 이끌고 가기 위한 전략적 선택에 있다고 볼 수 있다. 그런데 이를 무시하고 어느 방향이든 상관없이 보다 적은 자원으로 보다 빨리 성과를 달성하면 그만이라고 생각하는 것은 매우 위험하다. 왜냐하면 리더의 역할은 '일을 잘하는 것'(doing things right)보다는 '할 일을 제대로 하느냐'(doing the right thing)에 달려 있기 때문이다. 즉 일을 잘하는 효율성 이전에 무엇을 할 것인지에 대한 명확한 방향 설정, 즉 효과성이 먼저인 것이다. 엉뚱한 방향 설정이 이루어진 다음에는 아무리 열심히 노력해도 원래 의도한 결과와는 달라질 수밖에 없다. 효율상승이란 화려한 모습 뒤에는 효과강하란 어두운 그림자가 자리하고 있음을 통찰할 줄 알아야 하는 것이다. 그래야 리더로서 진정한 업의 본질을 회복할 수 있다.

학습 역시 마찬가지다. 학습효율보다는 학습효과가 더욱 중요하다. 첨단기술의 수단과 방법을 최대한 동원하여 학습효율을 극대화시킨다고 그 결과가 반드시 효과적일 수는 없다. 그런데 요즘의 학습은 어떠한가. 많은 시간과 노력을 들여 쌓아올린 효과성보다는 적은 노력을 투입하여 보다 빨리 보다 많이 달성하려는 효율성에만 집중하고 있지는 않은가?

하지만 배우고 익히는 과정이란 학습자 스스로 치열한 문제의식과 이에 따른 노력과 수고가 녹아들어 가야만 효과를 얻을 수 있다. 효율성만 따져 학습하는 사람은 학습하는 행위 자체에 빠져 기계적으로 학습행위만 반복하기 쉽다. 엄청난 효율적인 학습에도 불구하고 항상 아쉬움과 허전함이 남는 이유는 이처럼 학습의 궁극적인 본질과 방향성에 대한 학습자의 고뇌가 충분하지 않았기 때문이다.

나무 한 그루도 싹을 틔우기 위해서는 먼저 작은 씨앗을 땅에 떨어뜨려야 한다. 그런 수고가 있어야 새싹이 돋고 가지와 줄기와 잎이 나서 마침내 꽃을 피우고 열매를 맺을 수 있다. 이 과정에는 효율이 들어갈 틈이 없다. 모두가 자연의 속도에 따라 제 할 일을 성실히 할 뿐이다. 그런데도 오로지 인간만이 속도전의 한복판에서 허우적대고 있다.

속도와 효율은 인간과 자연의 본질이 아니다. 더 빨리 상품을 만들어내고 더 빨리 소비하면서 또 다른 소비를 부추기는 속도와 효율 안에서는 인간 본연의 삶을 찾기 어렵다. 따라서 진정한 의미의 학습은 학습의 질을 숙성시켜가는 느림과 여유의 미덕 속에서 이루어짐을 잊지 말아야 한다.

자신의 지식 익혀가기

가시적인 성과를 빨리 보여주기 위해 충분히 고민하지 않고 학습 결과물을 급하게 기 작성한 적은 없는가? 조금 늦더라도 제대로 배우고 익혀가기 위해 어떤 노력을 하고 있는가? 작은 씨앗이 아름다운 꽃으로 피어나기 위해서는 적당한 물과 햇빛과 정성이 필요하다. 마찬가지로 온전한 자신만의 '지식나무'를 가꿔가기 위해서 필요한 실천과제를 정리해보자.

뿌리가 깊으면 흔들리지 않는다

 뽑히지 않는 삼나무

아름다운 삼나무 숲이 있었다. 길쭉길쭉 하늘로 솟은 몸통과 무성한 나뭇잎이 만드는 시원한 그늘, 거기에 은은한 삼나무 향은 사람들을 유혹하기에 충분했다. 그래서 사람들은 기분이 우울하거나, 가족과 소풍을 나오거나, 산책을 할 때도 삼나무 숲을 자주 찾았다.

그러던 어느 날 삼나무 숲에 심술쟁이 작은 바람이 찾아왔다. 바람은 한껏 거드름을 피우며 커다란 삼나무들에게 으스댔다.

"너희들이 아무리 좋은 향기를 뿜어내봤자, 내가 없으면 무용지물이야. 내가 없으면 어떻게 사람들이 향기를 맡을 수 있겠어. 그러니까 나한테 잘 보이라고."

"허허허, 네 말도 일리는 있어. 하지만 우리가 향긋한 향기를 내지 않으면 네가 무슨 소용이 있겠어."

삼나무들은 바람의 거드름에 뼈있는 한마디를 했다.

작은 바람은 삼나무들이 덩치만 믿고 까부는 어리석은 족속이라고 생각했다.

"너희들이 몸집만 믿고 나를 무시하는 것 같은데…… 좋아. 너희들이 땅 위에 서 있는 날도 오늘이 마지막일 거다!"

바람의 엄포에 삼나무는 바로 맞장구를 쳤다.

"어림도 없는 소리. 네가 아무리 세찬 바람을 몰고 와서 괴롭혀도 우리는 꿈쩍도 하지 않을 테니 맘대로 해봐."

삼나무의 자신 있는 소리에 바람은 곧 이곳저곳을 돌며 세찬 바람들을 불러 모으기 시작했다.

"녀석들이 우리 바람들을 무시하고 있어. 아무리 우리가 힘을 써도 꿈쩍도 않는다지 뭐야?"

"우리를 깔본다고?"

작은 바람의 꼬임에 커다랗고 세찬 폭풍들이 하나둘 삼나무 숲을 향해 몰려가기 시작했다. 어느새 삼나무 숲은 엄청난 폭풍에 휩싸이고 말았다.

휘이잉. 귀청을 찢을 듯 울부짖는 바람들이 삼나무를 쓰러뜨리기 위해 세차게 불었다. 그렇게 하루가 가고 이틀이 흘렀다. 그러나 삼나무들은 한 그루도 쓰러지지 않았다.

"헉헉. 어떻게 한 그루도 쓰러뜨릴 수가 없는 거지?"

지쳐 힘이 빠진 바람이 도무지 이해할 수 없다는 듯 물었다. 바람은 삼나무들이 서 있는 땅속을 볼 수 없기 때문이었다. 만약 바람이 땅속을 들여다봤다면 삼나무를 쓰러뜨릴 생각은 애초에 하지도 않았을 터였다. 삼나무는 그 뿌리들이 서로 얼기설기 엮여 하나의 거대한 나무뿌리를 이루고 있었던 것이다. 즉 한 그루 삼나무를 쓰러뜨리기 위해서는 숲 전체를 쓰러뜨려야만 했다.

"바람들아, 그러지 말고 앞으로는 사이좋게 지내보자꾸나."

그 뒤로 바람은 삼나무를 결코 얕잡아 보지 않고 사이좋게 지내게 되었다.

끝없이 성장하고 싶은가? 그렇다면 우선 자신이 버티고 서 있는 땅속의 뿌리를 튼튼하게 하라. 그리고 다른 나무들과 뿌리의 연대망을 구축해가는 삼나무의 지혜를 배워보자. 뿌리의 견고함은 성장의 버팀목이다. 삼나무가 다른 나무들보다 뿌리를 얕게 내리고 있음에도 불구하고 강한 비바람을 버티며 거대한 몸집을 견딜 수 있는 이유는 무엇일까? 그것은 바로 혼자가 아니기 때문이다. 삼나무는 다른 삼나무들과 땅속에서 뿌리들끼리 굳건한 연대망을 구축한다. 그래서 삼나무 한 그루의 뿌리는 모든 삼나무의 뿌리라고 해도 과언이 아니다. 이렇게 수많은 삼나무들의 뿌리가 땅속에서 서로를 지탱해주기 때문에 아무리 강력한 태풍이 닥쳐와도 넘어지지 않고 버티는 것이다.

혼자서 존재하는 것은 아무것도 없다. 모두가 어떤 인연의 고리로 연결되어 있다. 따라서 존재의 참모습은 개체 하나하나의 모습보다는 끊임없이 움직이는 역동적인 관계 속에서 드러난다고 할 수 있다. 다른 사람들과의 관계 속에서 비로소 나라는 존재의 본질을 찾을 수 있는 것이다. 지금의 '나'란 존재는 지금까지 스스로 맺어온 관계의 역사가 투영된 결과이기 때문이다. '얼굴'도 그 사람의 '얼'이 '굴'로 파여서 생긴 모습이라고 한다. 따라서 한 사람의 '얼'도 다른 사람과의 관계 속에서 형성되어온 '사회적 얼'이며, 그것이 역사적 흔적으로 남은 결과 역시 '사회적 굴'이라 할 수 있다.

학습은 이러한 관계성의 본질을 깨닫는 과정이다. 학습의 본질은 현상의 본질을 결정하는 구조적 관계를 깨닫는 과정이라 할 수 있다. 구조적 관계는 겉으로 보이지 않는다. 관심을 갖고 관찰하면 패턴을 발견할 수 있고, 그 패턴 속에서 일정한 법칙과 반복되는 관계를 발견할 수 있다. 그리고 여기서 더 나아가 세계는 하나의 '거대한 관계망'이라는 사실을 통찰했을 때, 비로소 학습은 완결될 수 있다. 따라서 하나의 지식을 자기 것으로 체화시키기 위해서는 우선 지식의 근본을 따져 묻고 다른 지식과의 관계망이 어떻게 연관되어 있는지를 간파해내야 한다. 그리고 외부로부터 누군가가 쉽게 전해주는 답을 찾기보다는 자기 내면으로 파고들어가 치열하게 고뇌하는 가운데 진정한 자신의 지식으로 체화시킬 수 있다.

뿌리의 탄탄한 연대망 속에서 피어난 지식은 아름답기 그지없다. 지식이란 궁극적인 방향성을 추구하면서 고민했던 공감의 관계망이 뿌리로 연결되어 있기 때문이다. 그 관계망에 대한 정확한 깨달음이야말로 우리가 찾는 지식의 참모습일 것이다.

근원을 찾으면서 배우기

지식의 근원을 찾아 나서는 지적 모험이야말로 지식의 튼실함을 가꾸는 노력의 출발이다. 자신이 알고 있는 지식은 어디서 유래되었는가? 어떤 문제의식으로 누가 만들었는가? 그 지식에 담겨진 사연과 배경은 무엇인가? 이처럼 기존 지식에 대한 문제제기를 하다보면 지금 자신이 알고 있는 지식이 새로운 의미로 다가올 것이다.

함께 배우며 함께 성장하라

● ● ● ● **기러기들의 여행**

가족을 잃어버린 외기러기가 강둑에 쓸쓸히 앉아 있었다. 기름기가 자르르 흐르던 깃털은 푸석푸석 지저분하고, 제대로 먹지를 못해 뱃가죽이 쏙 들어간 기러기는 붉게 노을이 진 서쪽 하늘을 쳐다보았다. 겨울이 닥치기 전에 따뜻한 남쪽으로 가야 했지만 혼자서는 도무지 갈 엄두가 나지 않았다.

"흑흑. 아버지, 어머니 어디 계세요?"

기러기는 커다란 눈망울에 눈물을 글썽이며 지난날을 떠올렸다. 기러기 가족은 겨울이 오면 먼 남쪽으로, 여름이 오면 먼 북쪽으로 아주 먼 길을 여행했다. 그 여행은 혼자라면 백이면 백 실패하고 말 정말 힘든 길이었다. 그러나 무리의 맨 앞에서 아버지가 방향을 잡고 힘차게 날갯짓하면 서로서로 격려를 하며 어려움을 이겨나갔다. 앞선 기러기의 날갯짓이 만든

기류를 타면 뒤의 기러기는 날갯짓하기가 한결 수월했다. 그렇게 기러기 가족은 오순도순 함께 여행을 했다.

그런데 기러기의 서러운 울음소리는 겨울잠을 자러 바위틈으로 들어가던 뱀의 날카로운 신경을 자극하고 말았다.

"먹이가 부족하던 차에 마침 잘됐다."

뱀은 혓바닥을 내밀며 풀숲에 숨은 채 몰래 다가와 기러기를 공격했다. 기력을 잃고 낙담하고 있던 기러기는 뱀의 공격에 속수무책이었다. 게다가 처음에는 세차게 저항했지만, 이내 한숨을 푹 내쉬고는 체념한 듯 고개를 떨어뜨리고 말았다. 가족을 잃고 혼자 살아갈 생각을 하니 차라리 이쯤에서 생을 포기하는 게 좋을 것도 같았기 때문이다.

"ㅎㅎㅎ. 이상한 녀석이군."

뱀은 굵은 몸통으로 기러기의 몸을 칭칭 감아올리며 제대로 반항도 안하는 녀석을 마음껏 비웃었다. 그러고는 입을 벌려 기러기를 삼키려고 했다.

그때였다. 붉은 노을 속으로 대형을 이룬 기러기 한 무리가 이편을 향해 쏜살같이 날아오는 것이 아닌가.

"아들아!"

"오빠!"

기럭기럭 우는 소리에 기러기가 고개를 들어보니 그의 가족이 틀림없었다.

"아빠, 엄마, 동생아! 사, 살려줘!"

그제야 기러기가 가족을 향해 절규를 터뜨렸다. 당황한 뱀이 얼른 기러기를 끌고 풀숲으로 숨으려고 했지만, 어느새 기러기는 솟구친 용기로 있는 힘껏 버티기 시작했다. 그리고 드디어 가족들이 도착해 뱀을 향해 내리꽂히기 시작했다. 기러기 가족은 합심해서 칭칭 감싸고 있는 뱀을 부리로 쪼아댔다. 혼자라면 엄두가 나지 않는 일이었지만, 함께였기에 용기를 낼 수 있었다.

"아이쿠, 뱀 살려!"

뱀은 기러기 가족의 단합된 힘에 풀숲으로 도망치고 말았다.

　　　　•　•　•

기러기들은 혼자가 아니고 언제나 무리를 지어 살아간다. 이 험난한 세상에서 굳건한 연대를 이루며 사는 것이 보다 현명하다는 것을 잘 알기 때문이다. 이러한 기러기들의 습성은 우리에게도 많은 점을 생각하게 한다.

우선 기러기들은 V자형 대열을 구축해서 일정한 방향으로 날아간다. 가을이면 따뜻한 남쪽으로, 봄이면 북쪽으로 날아가는 목표를 함께 공유하며 목적지에 도달한다. 그런데 목적지에 도달하는 것도 중요하지만 무엇보다 전체 무리 모두가 안전하게 목적지에 도달하는 것을 최고의 목표로 삼는다.

학습도 우선 학습을 통해서 자신이 도달하고자 하는 목적지나 지향성을 분명히 하는 것이 중요하다. 설혹 목적지에 이르는 과정에서 예기치 못한 엄청난 깨달음을 얻었다고 해도 도달하려는 여정의 목적지가 무엇인지를 잊지 말아야 한다. 그것이 학습여 정에 뛰어든 사람의 열정과 몰입도를 결정해주기 때문이다.

기러기로부터 배울 수 있는 두 번째 교훈은 믿음을 근간으로 맺어진 예의와 팀워크의 덕목이다. 맨 앞을 날아가던 기러기가 지치면 뒤에 날아가던 기러기가 재빨리 맨 앞으로 나와 거친 바람을 맞아가면서 V자형 기러기 대열에 가속력의 엔진을 달아준다. 미국인들은 기러기 우는 소리를 'Honk'로 표기한다. 이 단어를 사전에서 찾아보면 '기러기 우는 소리' 또는 '자동차 경적을 울리다' 등의 뜻이 있고 속어로는 '특별히 빠른 자동차'를 나타내는 말로도 쓰인다. 기러기들이 자동차처럼 빠른 속력을 내려면 "잘 해보자" "힘내" "잘 하고 있어" 등과 같은 뜻을 서로에게 전한다는 의미가 함축되어 있는 것이다.

기러기가 V자 대열을 이루면서 날아가는 것도 특별한 이유가 있다. 이 대열에서는 각각의 새가 날개를 저으면 바로 뒤에서 따라오는 새들에게 상승기류를 만들어줄 수 있다. 즉 V자를 그리며 날아가면 전체 기러기 무리는 혼자 날아갈 때보다 무려 71퍼센트의 에너지를 절약해가면서 오랜 시간 서로에게 추진력을 줄 수 있다고 한다. 학습 역시 이와 같아야 한다. 팀을 이룬 학습자들은 기러기들처럼 서로에게 힘과 용기를 주면서 꿈의 실현을 위해 지속적으로 노력해야 하는 것이다.

세 번째로 기러기는 언제나 함께 하려는 집단적 열망을 가지고 있다. 기러기들은 비행하는 중에 부상 등으로 한 기러기가 대열에서 이탈하게 되면 누가 시키지 않아도 두 마리가 따라 붙어 지켜준다. 한 마리는 먹이 찾는 일을 도와주고 한 마리는 망을 봐주며 다친 기러기가 힘을 차릴 때까지 도와주는 것이다. 그리고 힘을 되찾으면 함께 다음 기러기 대열에 합류하기도 하고, 시간이 많이 걸리지 않았을 경우 본 대열에 합류하여 끝까지 함께 간다. 동료애가 없다면 상상하기도 어려운 기러기들만의 멋진 우정이다. 학습도 이와 같아야 한다. 자기 혼자만 학습의 결과를 챙기는 이기적인 마음으로는 절름발이 학습밖에 되지 못한다. 진정한 학습은 동료들과 함께 그 결과를 나눌 때 더욱 빛나는 것이다.

마지막으로 기러기는 짝을 잃으면 다시 짝을 얻지 않는다고 한다. '짝 잃은 외기러기'란 표현처럼 한 번 인연을 맺으면 평생을 함께하는 기러기에게서 절개의 미덕을 배울 수 있다. 학습도 사랑이 바탕이 되어야 한다. 학습대상에 대한 관심과 애정이 없다면 지식은 싹트지 않는다. 관심과 배려가 있고 알고자 하는 욕망에 이끌릴 때 학습대상은 자신의 일부가 되며 비로소 본격적인 학습여정이 시작되는 것이다.

그런데 우리는 너무 쉽게 배움의 열정을 포기하는 경우가 많다. '배움을 익힌다'는 의미의 한자 '습(習)'은 날아갈 비(羽)와 흰 백(白) 자로 구성되어 있다. 이 말은 새가 잘 날기 위해서는 자기 날개 겨드랑이의 흰 털이 보일 때까지 수많은 날갯짓을 해야 비로소 날아갈 수 있다는 뜻이다. 결국 배움과 익힘의 양 날개가 균형을 이루어야 비로소 자기만의 온전한 지식으로 비상할 수 있음을 다시 한 번 일깨워주고 있다.

서로 격려하고 북돋워주기

남다른 관심과 열의로 공부하고 있는 동료나 선배에게 격려의 말을 전해본 적이 있는가? 학습을 통해 얻은 깨달음을 공유하기 이전에 그런 깨달음을 얻기까지 노력한 동료들을 인정해주는 분위기가 중요하다. 학습여정은 개인의 노력이자 다른 사람들과 나누고 실천하면서 함께 성장해가는 과정이다. 서로의 학습여정에 추임새를 넣어주어 더욱 열심히 하도록 격려하고 북돋워주는 학습 분위기를 만들어보자.

창의적인 인재는 열린 조직에서 나온다

● ● ● ● **멈춰버린 벼룩의 높이뛰기**

세계 최고의 높이뛰기 선수는 바로 벼룩! 벼룩은 제 키에 수백 배가 넘는 높이를 톡톡 힘들이지도 않고 뛰어오른다. 오늘도 벼룩은 용수철처럼 통통 뛰어오르며 돌아다니다가 맛있는 피 냄새가 풍기는 곳을 발견했다.

"햐, 이 향긋한 냄새."

벼룩은 열린 문틈을 통해 낯선 방으로 들어갔다. 투명한 유리컵들과 유리관들이 책상 위로 이리저리 얽혀 있고, 이상한 기계들 속에 새빨간 피들이 일렬로 죽 늘어선 신기한 방이었다. 그곳은 바로 병원의 실험실이었다.

벼룩은 자신을 끔찍하게 싫어하는 인간이 없다는 것에 안도하면서 피가 가득한 유리관을 향해 뛰기 시작했다. 그런데 갑자기 인기척이 나며 문을 열고 흰 가운을 입은 사람이 들어오는 것이 아닌가!

"아이쿠. 큰일 났다!"

벼룩은 두려움에 얼른 책상 바닥에 납작 엎드렸다. 그리고 사람이 다시 나가자 안도의 한숨을 쉬었다.

"휴, 다행이다. 십년감수했네."

벼룩은 다시 싱싱한 피를 향해 펄쩍 뛰었다. 그 순간이었다.

"아얏!"

힘껏 뛰어오른 벼룩은 무엇인가에 부딪치고 말았다. 아까 실험실에 들어왔던 사람이 투명한 비커를 벼룩 위에 엎어놓았던 것이다. 그러나 벼룩은 비커 속에 갇혔다는 사실을 까맣게 모르고 있었다.

비커 바닥에 호되게 부딪친 머리가 쑥쑥 쑤셨다. 벼룩은 천장을 올려다봤지만 여전히 자신을 막을 것은 아무것도 없었다. 또 다시 벼룩은 힘껏 발을 구르며 뛰어올랐다.

그리고 다시 무엇인가에 쾅, 부딪치고 말았다. 오기가 생긴 벼룩은 더 높이, 더 높이 천장을 향해 뛰었지만 그때마다 돌아오는 건 정체 모를 벽에 부딪쳐 생긴 혹과 고통뿐이었다. 그렇게 하루 이틀이 지나자 벼룩은 한 가지 방법을 터득했다. 바로 살짝 뛰는 것이었다. 그렇게 하면 적어도 머리는 아프지 않았던 것이다.

며칠 후 벼룩은 유리 비커에서 벗어날 수 있었다.

"야호, 드디어 해방이다!"

벼룩은 톡톡 튀며 환호성을 질렀다. 펄쩍펄쩍 뛰어도 이제는 머리가 아프지 않을 거란 생각에 있는 힘껏 뛰어올랐다. 하지만 벼룩은 예전만큼 높이 뛰지 못했다. 비커에 갇혀 있는 동안 머리를 부딪쳐 아플 거란 생각에 낮게 뛰었던 것이 자신도 모르게 몸에 배어 학습이 돼버린 것이다. 그날 이후 그 벼룩은 세상에서 가장 낮게 뛰어오르는 벼룩이란 씻을 수 없는 오명을 쓰게 되었다.

●　●　●　●

　벼룩 우화는 창의적인 끼를 가진 튀는 인재와 그를 가두고 있는 기업문화(또는 학습문화)와의 관계를 잘 보여준다. 아무리 독창적인 인재라도 그 끼를 수용하지 못하는 조직 분위기에서는 그것을 제대로 발현하기 힘들다. 가령 기성체제에 물들지 않은 신입사원이 막 입사해서 전체 회의에 참석했다고 가정해보자. 이때 신입사원은 의기충천하여 참신한 아이디어를 계속 내볼 것이다. 그런데 회의 분위기는 찬물을 끼얹은 듯 썰렁해지기 일쑤고 아이디어를 낼 때마다 "그거 별로 신통찮은데…" "가능성이 너무 희박하지 않나?" 등의 무책임한 피드백만이 돌아온다면 어떻게 될까? 아마도 신입사원은 '이 조직은 이 정도의 아이디어도 수용하지 못하는구나'라고 실망하며 점차 아이디어 회의를 그저 형식적인 일로 치부해버릴지도 모른다. 그래서 다음부터는 좋은 아이디어가 있어도 혼자만 생각할 뿐 표현하지 않는 죽어 있는 조직의 구성원으로 흡수되고 마는 것이다.

　학습은 개인차원의 심리나 행동의 변화이기도 하지만, 더 넓은 의미로는 한 구성원이 자신이 속해 있는 공동체의 일원이 되어가는(becoming) 사회적 성숙 과정이기도 하다. 따라서 구성원의 사고방식이나 행동이 창의적으로 발전하기 위해서는 학습주체의 집요한 노력뿐만 아니라, 이러한 과정을 지원하는 사회문화적 분위기가 우선적으로 확립되어야 한다. 즉 창의성이란 더이상 개인의 문제가 아니라는 사실을 명백히 깨달아야 한다.

그런데 지금까지 우리는 창의성의 문제를 개인의 차원에서만 고민해왔던 게 사실이다. 그러나 벼룩 우화에서 볼 수 있듯이 벼룩이 아무리 높이 뛸 수 있는 재능을 가졌다고 하더라도 이를 마음껏 발휘할 수 있는 무대가 마련되지 않으면 그것은 한낱 무용지물일 뿐이다. 처음에 벼룩은 안간힘을 써서 자신의 능력을 최대한 발휘하기 위해 노력했지만, 어느 순간 벽의 한계를 느끼고 좌절하고 결국 포기하게 되었다. 이처럼 벼룩을 덮고 있는 비커의 높이와 넓이가 확장되고 신장되지 않는 한, 벼룩은 더 이상 그전처럼 높이 뛰지 못하게 될 뿐 아니라 자신의 능력에도 한계를 짓게 되는 것이다(여기서 벼룩을 덮어씌우고 있는 비커는 개인의 창의성을 가로막는 조직문화와 집단의 창의성을 상징한다). 그렇기 때문에 개인의 창의성을 신장시키기 이전에 조직 차원의 창의성을 개발해야 하는 것이 우선되어야 하는 것이다.

우리 사회 역시 개인의 한계를 넘어서는 도전과제를 적극적으로 장려하지 않는 편이다. 그러다보니 조직에 속한 구성원들이 군이 위험을 감수하면서까지 자신의 창의성을 발휘하려고 노력하지 않고 결국은 현실에 안주하는 편안한 삶을 선택하게 된다. 창의성도 구성원의 독창성을 인정하는 조직의 열망과 분위기, 그리고 환경조건이 뒷받침되지 않는다면 더 이상 빛을 발할 수 없다. 이런 의미에서 개인의 창의성을 신장시키기 이전에 조직 차원의 창의성 개발이 더욱 절실히 필요하다고 하겠다.

창의적인 조직 벤치마킹하기

개인의 창의성을 높여주는 조직은 어떤 특징이 있는가? 또 창의적인 조직과 그렇지 못한 조직의 큰 차이는 무엇인가? 대표적인 창의적 조직과 현재 나의 조직은 어떤 점에서 차이가 있는지 생각해보고, 그 차이를 극복할 수 있는 대안이 무엇인지도 알아보자.

똑똑한 소수가 다수를 움직인다

● ● ● 원숭이의 고구마

일본의 미야자키[宮崎] 현 인근 바다에 고지마[幸島]라는 무인도에는
시뻘건 엉덩이를 홀라당 까고 돌아다니는 원숭이들이 살고 있다. 호랑이
없는 산에서는 토끼가 대장 노릇한다고 사람이 살지 않는 섬에서 원숭이
들은 왕처럼 무리를 지어 살고 있었다.

어느 날 젊은 암컷 원숭이가 탐스러운 고구마를 밭에서 뽑아 맛있게 먹
고 있었다.

"아!"

암컷 원숭이는 고구마를 먹다가 소리를 질렀다. 고구마 먹는 데 열중하
다가 미처 발견하지 못한 돌을 씹고 말았던 것이다. 웬만해선 끄떡도 않던
단단한 이빨에 금이라도 갔는지 순간 입속이 시큰거렸다.

"아이 참, 지난번에도 돌을 씹어 한동안 고생했는데. 이러다가 이빨이

몽땅 빠지는 거 아니야.”

짜증이 난 젊은 암컷 원숭이는 꼴도 보기 싫은 고구마를 힘껏 집어던져 버렸다. 그리고 허공을 날아간 고구마는 강물에 풍당 빠지고 말았다.

“어머머, 내 고구마!”

화가 나 집어던졌지만 고구마의 달콤한 맛을 어찌 떨칠 수 있을까. 원숭이는 헐레벌떡 뛰어가 강물에 둥둥 떠내려가는 고구마를 가까스로 건져냈다. 원숭이는 안도의 한숨을 폭 내쉬며 고구마를 보다가 깜짝 놀랐다.

“어머머, 고구마가 깨끗해졌네?”

흙이 강물에 깨끗이 씻겨 있었던 것이다. 그 순간 한 가지 좋은 생각이 떠올랐다. ‘흙투성이 고구마를 강물에 씻으면 돌을 씹지 않아도 되겠구나!’ 그 뒤로 원숭이는 고구마를 강물에 씻어먹기 시작했다. 그리고 자신이 알아낸 방법을 섬의 원숭이들에게 알려주었다. 이윽고 다른 원숭이들도 강물에 고구마를 씻어 먹기 시작했다.

“우리 모두가 늘 고구마를 먹다가 이빨을 다치곤 했는데, 이제는 모두가 편하게 고구마를 먹을 수 있게 됐군. 정말 고맙네.”

원숭이 대장의 칭찬에 암컷 원숭이는 몸 둘 바를 몰랐다.

그러던 어느 해 가뭄이 계속돼 강물이 말라버리고 말았다. 원숭이들은 다시 고생을 겪을 이빨 때문에 벌써부터 머리가 지끈거리기 시작했다. 그때 한 젊은 원숭이가 또다시 한 가지 아이디어를 떠올렸다.

“바닷물도 물이기는 마찬가지잖아!”

이윽고 젊은 원숭이와 그 무리가 고구마를 씻기 위해 바닷가로 나아갔다. 그런데 웬걸! 짭조름한 바닷물로 고구마를 씻어먹자 맛이 훨씬 더 맛난 게 아닌가!

그 뒤로 원숭이들은 고구마를 뽑으면 곧바로 바닷가로 달려가서 바닷물에 씻어 먹기 시작했다.

● ● ●

경험을 통해 점차 학습능력이 발달해가는 고지마 섬 원숭이들의 이야기는 우리에게 많은 점을 시사하고 있다. 고구마를 씻어 먹는 원숭이 수가 어느 정도 늘어나자 나중에는 고지마 섬 이외 지역의 원숭이들 사이에서도 똑같은 행위가 동시다발적으로 일어났다. 더욱 놀라운 점은 이 섬에서 멀리 떨어진 다카자키〔高崎〕 산을 비롯한 다른 지역에 서식하는 원숭이들도 역시 고구마를 씻어 먹기 시작했다는 것이다. 물론 바다로 둘러싸인 고지마 섬의 원숭이와는 전혀 접촉도 없었고 의사소통도 할 수 없어서 모방은 절대 불가능한 상황이었다. 물리적 접촉을 통해 고구마를 씻어 먹는 노하우를 의도적으로 전파하지 않았음에도 불구하고 멀리 떨어진 다른 지역에서도 비슷한 현상이 발생한 것이다.

이것이 바로 '백 마리째 원숭이 현상'이다. 어떤 행위를 하는 개체 수가 일정 수준에 도달하면 그 행동은 소속 집단에만 국한되지 않고 거리나 공간을 넘어 더욱 확산된다는 것을 의미한다. 미국의 과학자 라이언 왓슨은 생물계에서 나타나는 이 불가사의

한 현상을 '백 마리째 원숭이 현상'[9]이라고 불렀다. 여기서 '백 마리'라는 숫자는 그 경계가 되는 일정량을 편의적으로 수치화한 것이다.

《티핑 포인트*Tipping Point*》의 저자 말콤 글래드웰도 비슷한 현상을 말한 적이 있다. 망해가던 허시파피 신발회사의 신발을 뉴욕의 몇몇 히피족들이 신고 다니기 시작하더니 어느 날 갑자기 미국 전역의 백화점을 휩쓸었다. 또 처음에는 주목을 받지 못하던 조앤 롤링의 《해리포터》가 어느 순간 갑자기 세계적인 베스트셀러가 되기도 했다. 이처럼 처음에는 미미하게 진행되다가 어느 순간 '탁' 하고 터지는 극점의 순간을 가리켜서 글래드웰은 '티핑 포인트'라고 불렀다.

그렇다면 백 마리째 원숭이 현상이나 티핑 포인트가 의미하는 것은 무엇일까? 그것은 바로 새로운 일을 처음 시도하는 사람(또는 현상)의 숫자가 비록 적을지라도 어느 일정 시점이 지나면서 점차 대다수의 사람들이 따라한다는 것이다. 물론 새로운 일을 맨 처음 시도하는 과정에는 언제나 그에 상응하는 위험이 따른다. 그러나 위험을 무릅쓰고 시작한 일로 조금씩 수혜(受惠)를 보기 시작하면 이 시도는 시간과 공간을 넘어 폭발적으로 증가한다는 것이다.

이러한 공명(共鳴) 현상은 학습에서도 일어난다. 학습을 통해 깨달은 바를 소수의 사람이라도 조금씩 실천해가면 점차 더 많은 사람들에게 영향을 미치게 되어 얼마든지 '백 마리째 학습 현상'도 일어날 수 있다. 학습이란 이처럼 자신의 부족한 정보와 지식을 습득하는 데 그치지 않고 남과 더불어 배워나갈 때 비로소 완성되는 것이다. 그러므로 학습을 통한 관계맺음의 소중함을 깨닫고 자신의 깨달음을 남과 공유하는 데 아낌없이 노력해야 한다. 그래야 '백 마리째 원숭이'처럼 우리 스스로도 학습 메신저로서 그 임무를 훌륭히 완수하게 될 것이다.

Power Tip

다른 사람에게서 배우기

삼인행 필유아사(三人行 必有我師)라는 말이 있다. 세 사람 중 스승이 반드시 한 사람은 있다는 뜻이다. 인생을 걸고 도전해볼 분야는 무엇인가? 있다면 지금 바로 그 분야의 최고의 전문가를 찾아보자. 그리고 그들의 성공 체험을 벤치마킹하면서 지금의 내 방식과 근본적으로 무엇이 다를지, 또 이를 어떻게 자신의 학습전략으로 체화시킬 수 있을지 고민해보자.

다양성의 시너지 파워를 일으켜라

●●●● 펭귄 마을의 이방인

펭귄 마을에 공작새 한 마리가 찾아온 것은 햇볕이 따사롭게 내리쬐는 봄날이었다. 북쪽을 향해 멀리 여행을 떠났던 공작은 그만 따뜻한 봄이 찾아온 북극까지 온 것이었다.

꼬마부터 노인까지 검정 망토와 흰 블라우스만 단체로 입고 있던 펭귄들은 공작의 오색찬란한 옷에 입을 떡 벌리고 말았다.

"우와, 정말 아름답다!"

펭귄들은 빛에 따라 색깔을 달리하며 빛나는 공작의 화려한 옷에 입을 다물지 못했다. 공작은 자신의 자태에 놀란 펭귄들에게 깃털을 활짝 펴 한껏 뽐내며 물었다.

"겨울이 곧 온다고 하던데, 겨울이 물러갈 때까지 잠시 머물러도 될까요?"

공작의 우아한 부탁에 단벌 신사 펭귄들은 고개를 끄덕였다. 이후 펭귄과 공작의 기묘한 동거가 시작됐다. 하지만 하루 이틀이 흐르자 점점 문제가 불거지기 시작했다. 공작은 생김새만큼이나 펭귄하고는 모든 것이 달랐다. 그는 몸을 두르고 있는 갖가지 색깔의 깃털처럼 끊임없이 새로운 아이디어를 쏟아냈다.

"왜 꼭 그렇게만 하지? 이렇게 하면 좀 더 낫지 않을까?"

한 가지 유니폼처럼 딱 한 가지 생각만을 고수하던 펭귄 사회는 일대 혼란을 겪기 시작했다. 같은 생각과 같은 방식으로 일을 해오던 펭귄들에게 공작새의 재기발랄한 생각과 행동은 엄청난 충격이었다. 결국 여기저기서 공작을 따르는 무리가 생겨나자, 펭귄 원로들이 모여 회의를 벌었다.

"그는 우리와 생김새만 다른 것이 아니라, 생각과 행동이 모두 다릅니다!"

"이대로 두었다가는 공작 옷을 입으려는 펭귄들이 나타날지도 모릅니다. 이 일을 어쩌면 좋을까요?"

옹기종기 모여 회의를 거듭한 끝에 펭귄들의 원로회의는 조치를 취하기로 결의했다. 곧 공작을 끌고 온 그들은 공작 앞에 검정 망토와 흰 블라우스를 던져주었다.

"자네가 우리와 함께 지내려면 이제부터 우리처럼 유니폼을 입어야만 하네."

"유니폼을 맞춰 입고, 우리와 똑같은 생각, 똑같은 행동을 할 것을 명령하네."

공작은 원로회의의 결정을 받아들일 수가 없었다.

"족장님, 저는 공작이랍니다. 펭귄 옷은 어울리지 않아요. 입으려고 해도 몸에 맞지 않는다구요! 저는 여러분들과 다를 뿐이에요. 결코 틀린 게 아니란 말이에요!"

공작은 열심히 주장했지만, 의견은 받아들여지지 않았다.

"이견은 없네. 입지 않겠다면 자네는 우리와 함께 살 수 없네."

원로 펭귄들은 조직의 분위기를 어지럽히는 공작의 행동을 간과할 수 없었다.

공작은 무리를 이루고 사는 펭귄들과 싸워 이길 수 없었다. 결국 자신의 몸에 꼭 맞는 화려한 옷을 벗고 맞지도 어울리지도 않는 펭귄 옷을 입었다. 혼자서 북극에서 살기란 좀처럼 쉽지 않기 때문이었다.

그러나 머지 않아 공작은 시름시름 앓기 시작했다. 서로 몸을 부대끼며 추위를 피할 수는 있었지만, 목은 헐렁헐렁하고 다리는 휑하니 다 나온 펭귄 옷을 입고 있어 그만 병에 걸리고 만 것이다.

"그것 봐. 아무리 잘난 척해도 고작 이까짓 추위도 못 견디는 주제에……."

펭귄들은 결국 죽어버린 공작을 보며 어깨를 으쓱거렸다.

●　●　●

펭귄 사회 안에는 엄청난 배타적 장벽이 존재해 있다. 오랫동안 다양성보다는 획일성을 존중해왔기 때문에 자기들과 다른 공작새의 사고방식과 행동은 용납하기 어려운 문제였다. 그래서 자신들과 비슷한 사고와 행동을 하지 않으면 결코 자기편으로 인정하지 않는 것이다. 이처럼 '다름'을 '틀림'으로 생각하는 주된 원인은 무엇일까? 그것은 자신의 잣대만이 옳다고 판단하고는 '다름은 곧 틀림이다'라고 간주하기 때문이다. 오로지 자신의 가치관에 따라 상대방의 주장을 판가름하고 나와 다른 가치관은 원천적으로 인정하지 않는 것이다.

그러나 '다름(different)'은 '틀림(wrong)'이 아니다. 오히려 다름으로 인해 미처 생각하지 못한 전혀 색다른 생각들이 창출될 수 있다. 다름과 다름이 모여서 수많은 '다름들'이 생기고 이것들이 차곡차곡 쌓여서 다양성의 시너지 파워를 일으키는 것이다. 자연에서 똑같은 꽃은 하나도 없다. 각자 개성 있게 형형색색의 다양한 꽃들이 어울려서 피어난다. 꽃의 세계가 아름다운 것은 모두가 다른 색깔과 다른 모습을 지니면서 저마다의 아름다움을 뽐내기 때문이다.

마찬가지로 기업의 인재도 각양각색, 십인십색이 어울려야 한다. 기업이 추구하는 일은 오케스트라 연주와 같다. 오케스트라의 아름다운 선율은 각기 다른 악기가 모여 하모니의 시너지 파워를 일으키기 때문이다. 기업도 다양한 전공, 다양한 경험, 다양한 개성의 인재들이 공동의 목표달성에 필요한 각자의 역할과 임무를 충실히 수행할 때 보람찬 성과를 창출할 수 있다. 나의 개성이 우리의 아름다움이 되듯 구성원들 간에 존재하는 다름과 차이가 기업 전체의 아름다운 성과를 창출하는 원동력이 되는 것이다.

학습 역시 나와 학습동료와의 차이를 인정하고 그 차이를 수용해야 더 발전할 수 있다. 나와 의견과 관점이 다르기 때문에 무조건 상대방이 틀렸다고 간주해서는 안 된다. 서로 간에 자신의 주장만을 일방적으로 내세울 경우 너나 할 것 없이 마음의 상처만 남을 뿐이다. 나와 입장이 다르다는 것은 서로 차이가 존재한다는 것이다. 그런데 다름과 차이가 다양하게 존재하는 학습 과정에서는 기존에 존재하지 않는 새로운 아이디어가 탄생할 가능성이 그만큼 높아진다. 왜냐하면 학습은 기본적으로 이질적인 정보를 융화하여 흡수하는 과정에서 기존에 존재하지 않던 새로운 콘셉트를 창출하는 활동이기 때문이다. 한마디로 학습은 비슷비슷한 종끼리 '순혈교배(純血交拜)'하는 활동보다는 전혀 이질적인 것끼리 '잡종교배(雜種交拜)'하는 활동을 통해서 새로운 가능성을 열어가는 것이라 할 수 있다.

상대방의 아이디어에 집중하기

다른 사람의 아이디어가 탁월하다고 생각한 적은 없는가? 그들로부터 반짝이는 아이디어를 생각해낸 배경을 들어보자. 새로운 아이디어는 다양한 아이디어를 융복합시키는 과정에서 탄생된다. 구성원들의 다양한 아이디어를 서로 조합해보면, 생각지도 못한 제3의 새로운 아이디어를 발견할지도 모른다.

상대를 인정하고 감싸 안아라

수백만 원이 넘는 명품 가방이 있었다. 가방은 늘 값비싼 화장품과 향수 같은 작고 예쁜 물건만 담고 잘 차려 입은 주인을 따라 바깥나들이를 했다. 책 한 권을 집어넣기에도 비좁은 가방은 함부로 물건을 담지 않는 자신이 세상에서 가장 고결한 가방이라고 으스댔다. 그러던 어느 날 주인이 평소와 달리 자신을 어두컴컴한 장롱 속에 집어넣었다. 아기자기한 화장대 위에서 살던 가방은 어리둥절했다. 가방은 답답한 장롱 속에서 주인이 사과하며 꺼내줄 때까지 콧대를 세운 채 기다리고 있었다. 그때 어디에선가 목소리가 들려왔다.

"가방아, 여기야. 여기."

가방이 눈을 내리깔고 보니 허름한 보자기가 반갑게 손을 흔들고 있는 것이 아닌가! 가방은 볼품없게 생긴 녀석을 보는 순간 콧방귀를 뀌었다.

‘흥, 보자기로군. 시장바닥에나 어울리는 녀석이랑 같은 장소에 있어야 한다니 정말 끔찍해!’

가방의 속내도 모르고 볼품없는 녀석은 계속 알은체를 했다.

“어둡고 갑갑한 곳이라 많이 힘들지? 그렇지만 곧 익숙해질 거야. 우리 친구하지 않을래?”

가방은 보자기의 천연덕스러운 말에 분노가 솟구치고 말았다.

“세상에! 너처럼 천박한 녀석이 감히 나랑 친구를 하자고? 너 뭔가 오해하고 있는 것 같은데, 나는 곧 다시 밖으로 나갈 거라고!”

본심을 드러내고 떽떽거리는 가방의 고함에 보자기는 고개를 절레절레 흔들었다.

“잘 모르는구나. 너는 이제 아가씨한테 소용이 없어. 아가씨는 철마다 가방을 새로 산다는 것을 모르니? 내일이면 화장대 위에 새로 산 가방이 놓여 있을 거야.”

보자기의 말에 가방은 머쓱해지고 말았다.

“그게 무, 무슨 말이지? 나는 어디 한 군데 해진 곳도 없는데 왜 나를 버린다는 거야?”

가방의 말에 보자기는 설명을 계속했다.

“너는 물건을 집어넣는 목적이 아니잖아. 내가 어제는 커다란 이불을 싸고, 오늘은 무거운 책을 싸고, 내일은 헌 옷가지를 싸는 것처럼 너도 다양한 용도가 있으면 좋겠지만, 너는 오직 아가씨의 취향을 맞추는 목적밖에 없어. 그러니 멋쟁이 아가씨의 취향이 바뀌면 버려지는 게 당연하지 않겠니?”

보자기의 그럴듯한 말에 가방은 눈물을 뚝뚝 흘리며 어둠 속에서 외치기 시작했다.

"아가씨, 아가씨, 주인 아가씨. 제발 저를 꺼내주세요!"

가방이 아무리 소리쳐도 아가씨는 어두운 장롱 속에서 꺼내주지 않았다. 가방은 그제야 보자기의 말을 깨달을 수 있었다. 어떤 물건이든 형태에 관계없이 감싸 안을 수 있는 보자기가 딱딱하게 고정되어 있고 속도 좁은 자신보다 훨씬 오래 살아남을 수 있음을…….

● ● ●

보자기와 가방이 주장하는 핵심적인 차이점은 누구를 중심에 두고 있느냐에 달려 있다. 보자기는 자신이 감싸 안는 상대방을 중심에 두고 자신을 거기에 맞추려 하지만, 가방은 자신이 중심이고 안으로 들어오는 물건으로 하여금 변화하라고 요구한다. 이런 점에서 보자기는 이타적이지만 가방은 자기중심적이다.

보자기는 어떤 물건이라도 감쌀 수 있는 융통성을 발휘한다. 그리고 자신의 형상에 맞게 물건의 형태변화를 요구하지 않고, 오히려 물건의 형상에 맞게 자신의 모습이나 형태를 변형시켜 상대방을 감싼다. 이에 반해 가방은 쉽게 무너지지 않는 난공불락의 성처럼 자신의 형태에 맞지 않으면 절대로 수용하지 않는다. 즉 자신은 변하지 않으면서 들어올 물건에게 자신의 틀에 맞

출 것을 요구한다. 이런 점에서 보자기는 '감싸 안는' 것이며 가
방은 '집어넣는' 것이다.[*]

　보자기와 가방이 가르쳐주는 학습교훈은 의미심장하다.

　먼저 보자기의 이타적 관계에 근거한 탁월한 융통성과 수용성
은 사물이나 현상을 바라볼 때 자기만의 기준에 따라 일방적으
로 재단하지 않음을 보여준다. 즉 세상을 향한 열린 마음과 감싸
안는 따스함 속에서 아름다운 포용의 미학을 느끼게 한다. 이런
보자기가 줏대 없어 보일지도 모르지만 보자기는 자신의 본질과
속성을 변화시키는 법이 없다. 있는 그 상태의 외형적 특징을 주
어진 상황에 맞게 자유자재로 바꿔나가는 모습은 타인에 대한
관심과 배려, 그리고 애정까지 느끼게 한다. 학습도 학습대상에
대한 애달픈 관심의 싹이 트지 않고서는 자발적으로 성숙할 수
없다. 배우고자 하는 것들에 대한 넓은 이해와 순수한 열정이 더
큰 학습의 세계를 열어가는 것이다.

　다음으로 가방은 자기가 세상의 중심이기에 자신과 맞지 않는
그 어떠한 것도 수용하지 않는 완고함을 보여준다. 그러나 학습
은 때로는 자기와 다른 의견과 주장을 열린 마음으로 받아들인
다음, 거기에서 무엇을 배울 수 있을지를 따져보는 노력도 중요

---

[*] 《일본문화와 상인정신》, 이어령 저, 문학사상사, 2003

하다. 그래야 자신의 부족한 학습을 보완해갈 수 있다.

한편 넣고 꺼내는 가방과 감싸 안고 푸는 보자기는 그 밑에 깔려 있는 생각과 행동에서도 확연한 차이가 있다.

가방은 소유를 목적으로 하지만 보자기는 나눔을 미덕으로 삼는다. 가방은 자신을 중심에 세우지만 보자기는 타인을 중심에 세운다. 즉 'center'로서의 가방과 'decenter'로서의 탈중심화를 지향하는 보자기는 각각 불변성과 가변성을 의미한다. 사전에 철저하게 정형화된 논리에 따라 불변성을 고수하는 가방에 비해 창발성(emergence)과 유연성, 그리고 가변성을 인정하는 보자기는 지향하는 바가 다르다.

가방은 이미 만들어진 형태에 따라 다른 물건이 거기에 맞추지만 보자기는 그때그때의 상황에 유연하게 대응하는 철학을 지향한다. 보자기는 무작위성(randomness)을 추구하면서 중간과정의 소음(noise)을 수용한다. 즉 주변상황에 따라서 각각 독창적인 특수성과 그에 따라 일어나는 불협화음을 엄청난 포용력으로 감싸 안고 녹여낸다.

학습은 사전에 기획된 대로 따라가기만 하는 매뉴얼 방식의 도로가 아니다. 그보다는 중간 여정에서 복잡하게 일어나는 예기치 못한 변수와 상황을 수용하는 예측불허의 길 찾기이다. 따라서 학습과정에서 언제 어떤 일이 벌어질지를 모두 예견하여 학습활동 이전에 완벽하게 계획을 짤 수는 없다. 학습여정에는 미지의 길이 존재하고, 여러 가지 지적 도전도 받게 되며, 이 과정에서 새로운 깨달음도 얻게 된다. 그러므로 학습과정에 참여하는 다양한 사람들의 다양한 의견을 상대방의 입장에서 들어보고 감싸 안는 넉넉함은 물론, 그 속에서도 변형하지 않는 분명한 자기 철학도 필요하다. 이처럼 학습은 고정된 틀에 무엇인가를 '집어넣는' 행위가 아니라 자신의 생각과 느낌을 상대방과 나누고 '감싸 안으면서' 통찰력과 깨달음의 열매를 얻어가는 과정이다.

자기중심성에 의문을 던져보기

나는 자기중심적인 사람인가? 그동안 지나치게 나만의 가치판단을 강조하면서 상대방의 입장을 무시하거나 간과하지는 않았는가? 나는 옳고 상대방은 틀렸거나 부족하다고 생각하지는 않았는가? 자기중심성의 벽을 조금씩 깨면서 상대방을 감싸 안는 마음을 갖도록 노력해보자.

도전의식이 막강한 팀워크를 만든다

● ● ● ● **조정 경기와 래프팅 경기**

강에서 조정 경기가 열렸다. 폭이 좁은 기다란 카누에 탄 각각의 조정 팀들이 앞자리에 앉은 타수의 둥둥거리는 북소리에 맞춰 일사분란하게 노를 저어나갔다. 그리고 드디어 여러 팀을 멀찌감치 떨어뜨리며 한 팀이 우승컵을 거머쥐었다.

"우리가 최고야! 강에서 우리보다 빠른 팀은 이 세상 어디에도 없다고!"

우승한 선수들은 서로의 머리에 샴페인을 부어대며 왁자지껄 자랑을 늘어놓고 있었다. 그들의 호기에 찬물을 끼얹는 말이 들려온 것은 그때였다.

"저 녀석들 하는 얘기 좀 들어봐. 세상에서 자기들이 제일 빠르다고 자랑이네. 우리보다는 못할 것 같은데 말이야."

저희들끼리 쑥덕거리는 소리에 한껏 기분 좋던 선수들의 얼굴이 순식간에 일그러지고 말았다. 감히 자신들의 실력을 의심하다니!

"너희들은 누군데 함부로 그런 이야기를 하지? 우리 실력을 보고도 못 믿겠다는 얘기야?"

우승팀의 주장이 묻자 우람한 어깨를 자랑하는 한 젊은 청년이 나와 맞받아쳤다.

"우리가 보기에 너희들은 온실 속의 화초일 뿐이야. 강이란 이곳처럼 잔잔하게 흐르는 곳도 있지만, 급류가 꿈틀거리며 흐르는 곳도 있어. 너희들은 잔잔한 강물에서 누가 빨리 달리나 장난하는 것뿐이라고. 진정으로 강을 느끼며 가장 빠르게 달릴 수 있는 것은 우리들이 최고란 말이야."

청년의 호기로운 외침에 조정 선수들은 화가 머리끝까지 치밀어 올랐다.

"좋다. 너희 말대로 강이 바다에 닿는 하구까지 누가 빨리 가느냐로 승패를 가르자."

결국 그 자리에서 경주를 다시 하게 되었다. 조정 선수들과 래프팅 선수들이 출발 준비선 앞에 섰다. 때마침 바람 한 점 없이 강은 유유자적 흐르고 있었다. 물살과 바람을 타는 래프팅에게는 그야말로 최악의 조건이었다.

"하하하. 녀석들 쌤통이다."

호각소리와 함께 조정 선수들이 래프팅 선수들을 마음껏 비웃으며 출발했다. 예상처럼 카누가 화살처럼 강물을 가르기 시작했다. 둥둥둥 타수의 북소리에 따라 선수들은 영차영차 모든 사람이 한 몸이 된 듯 딱딱 손을 맞춰 물살을 가르기 시작했다. 눈 깜짝할 사이에 래프팅 선수들의 육중한 고무보트가 저 멀리 뒤쳐져버렸다. 래프팅 선수들은 조정 선수들이 보이지 않을 정도로 뒤쳐졌는데도 여유만만하게 천천히 노를 저었다.

"바보 녀석들이군. 이런 잔잔한 물살에서 힘을 쏟다니. 곧 있으면 위험한 급류지대에 들어선다는 것을 모르나 보군."

그의 말처럼 엄청난 속력으로 나아간 조정 팀은 곧 절체절명의 위기에 처하고 말았다. 겉으로 드러난 바위는 가까스로 피할 수 있었지만, 결국 숨어 있는 암초에 부딪혀 카누가 산산조각이 나고 말았다. 물에 빠진 생쥐 꼴을 하고 강가로 나온 조정 팀의 눈에 저 멀리 다가오는 래프팅 보트가 보였다.

"오른쪽으로 기울여. 왼쪽에 암초다. 오른쪽으로 선회!"

주장의 지시에 따라 래프팅 선수들은 일심동체로 뭉쳐 있었다. 그뿐만이 아니라 주장이 미처 보지 못한 것들은 각각의 팀원들이 제시해 문제를 함께 해결하고 있었다. 그야말로 선수 한 명 한 명이 유기적으로 움직여 보트 자체가 살아 있는 것 같았다. 그리고 결코 통과하지 못할 것 같은 급류를 래프팅 팀은 무사히 통과할 수 있었다.

"너희들은 이제 강이 무엇인지 잘 알겠지? 하하하."

급류를 통과한 주장이 강가에서 넋을 놓고 앉아 있는 조정 선수들을 보며 말했다. 강의 변화무쌍함을 무시했던 조정 선수들은 결국 쓰라린 패배를 맛볼 수밖에 없었다.

　조정과 래프팅 경기가 펼쳐지는 환경에는 큰 차이가 잠재해 있다. 즉 조정경기의 환경은 비교적 안정적이지만 래프팅 경기의 환경은 언제 어떤 변화가 다가올지 예측하기 어렵다. 따라서 조정 경기는 급작스런 상황에도 시간적 여유를 갖고 대처할 수 있지만, 래프팅 경기에서는 급변하는 주변 상황에 따라 발 빠르게 대응하지 않으면 심각한 위협요인에 노출될 수 있다. 이런 점에서 조정 선수들은 주장의 지시에 따른 일사 분란함과 협동심의 팀워크가 필요하고, 래프팅 선수들은 즉각적이며 자율적인 의사결정과 이에 상응하는 역동적인 팀워크 구축이 더욱 중요해진다.

　우화에서 보듯 위기의 순간은 예고 없이 찾아온다. 이때 조정 선수들은 늘 그랬듯이 일사 분란한 팀워크의 힘을 발휘하며 필사적인 노력을 전개했지만 급류에 휘말려 배가 뒤집히는 어려운 상황에 처하고 말았다. 반면에 래프팅 선수들은 시시각각 다가오는 가변적인 상황에서 임기응변을 잘 발휘하여 무사히 골인지점에 도달할 수 있었다. 그렇다면 왜 조정 선수들은 위험에 빠지고 래프팅 선수들은 무사히 골인지점에 도달할 수 있었을까? 바로 래프팅 선수들은 경기가 펼쳐지는 환경의 특성에 맞춰 전략과 전술을 잘 구사했기 때문이다.

이처럼 조정 선수들과 래프팅 선수들의 핵심역량은 크게 다르다. 조정 경기는 '일치단결'하여 앞만 보고 노를 얼마나 '열심히' 젓느냐에 따라 승패가 갈리지만, 래프팅 경기에서 같은 방식으로 대응하면 다가오는 바위에 부딪혀 중상을 입거나 급류에 휘말려 죽을 수도 있다. 따라서 래프팅 경기에서는 갑작스러운 환경변화에 신속하게 대응하는 능력과 자율적인 판단력이 절대적으로 필요하다. 주위 환경이 급격하게 변화하기 때문에 팀원들이 모두 모여서 회의를 하고 의사결정을 할 만한 시간이 없는 것이다. "야, 앞에 급류가 다가오고 있어. 곧 낭떠러지기로 낙하할 시점이 다가오니 어떻게 대응해야 할지 모여서 회의한 후 의사결정을 하자." 이런 식의 대응방식은 래프팅 경기에서는 절대 통용되지 않는다. 회의를 통해 사태변화에 대해서 어떻게 대응할 것인지를 검토한 후 의사결정하면 이미 늦은 것이다.

학습의 여정도 언제 어떤 급류가 몰아칠지 모르는 래프팅 경기와 같다. 정해진 도로(path)를 따라 직선 코스로 달려가는 것이 아니라, 불확실한 상황 속에서 자기만의 길(way)을 찾아나서는 결단과 결행의 절실히 필요한 것이다. 그리고 이런 상황에서 학습자의 도전정신과 창의력, 상상력과 위험 극복의 의지에 따라 학습은 얼마든지 더 깊어질 수 있다.

길과 도로의 차이에서 배우기

도로는 빨리 목적지에 가는 데 목적이 있지만, 길은 천천히 가더라도 원하는 길을 갈 수 있다. 나는 지금 남이 닦아 놓은 도로를 빠르게 쫓아가는 데 급급해하고 있는가? 아니면 위험은 높지만 남이 가지 않은 나만의 길을 찾고 있는가? 싱싱한 먹잇감은 다른 사람의 발길이 닿지 않은 곳에 있다. 지금 나는 나만의 길을 찾기 위해서 무엇을 공부하고 있는가?

학습파워

초판 1쇄 인쇄 2008년 3월 10일   초판 2쇄 발행 2008년 4월 7일

지은이 유영만 **펴낸이** 김태영

비즈니스 1파트장 신민식
기획편집 7분사_ 분사장 오연조 책임편집 성미옥
1팀 박경아 홍정인 2팀 김은주 오윤경 3팀 성미옥 황남상 디자인팀 조성희 고은이
마케팅분사_곽철식 이귀애

상무 신화섭   감사 김영진
신규사업 노진선미 이화진 황현주   외서기획 이영지
인터넷사업 정은선 왕인정 김미애 정진 홍보 허형식 임태순
광고 정소연 이세윤 김혜선 이둘숙 허윤경
영업분사_영업 권대관 김형준   특수판촉 최진 영업관리 이재희 김은실
본사_본사장 하인숙 경영혁신 김성자 재무 김도환 고은미 봉소아 최준용
제작 이재승 송현주 HR기획 송진혁 양세진
교육분사_ 이채우 김현종 우규희 이선희

펴낸곳 (주)위즈덤하우스 **출판등록** 2000년 5월 23일 제13-1071호
주소 서울시 마포구 도화동 22번지 창강빌딩 15층 **전화** 6399-4000 **팩스** 704-3891
전자우편 wisdom7@wisdomhouse.co.kr **홈페이지** www.wisdomhouse.co.kr
출력 으뜸 **종이** 화인페이퍼 **인쇄** 미광원색사 **제본** 신안제책사

값 10,000원 Copyright ⓒ 유영만, 2008 ISBN 978-89-6086-095-7 03320

*잘못된 책은 바꿔드립니다
*이 책의 전부 또는 일부 내용을 재사용하려면 사전에 저작권자와 (주)위즈덤하우스의 동의를 받아야 합니다

이 책의 국립중앙도서관 출판시도서목록(CIP)은 e–CIP 홈페이지(http://www.nl.go.kr/cip.php)에서 볼 수 있습니다.
(CIP 제어 번호 : CIP2008000761)